WENN DIE TYRANNENKINDER
ERWACHSEN WERDEN

Mehr Bäume.
Weniger CO_2.
www.cpibooks.de/klimaneutral

MIX
Papier aus verantwor-
tungsvollen Quellen
FSC® C083411

Martina Leibovici-Mühlberger:
Wenn die Tyrannenkinder erwachsen werden

Cover: JaeHee Lee
Gestaltung: Hidsch
Lektorat: Gudrun Likar

Gesetzt in der *Garamond Premier Pro*
und *Myriad Pro*
Gedruckt in Europa

3 4 5 — 19 18 17 16

ISBN 978-3-99001-138-6

Martina Leibovici-Mühlberger

WENN DIE TYRANNEN KINDER ERWACHSEN WERDEN

WARUM WIR NICHT AUF DIE NÄCHSTE GENERATION ZÄHLEN KÖNNEN

edition a

INHALT

Keine Einleitung, sondern es geht gleich los, denn die Zeit drängt

Wer sich hier einen Erziehungsratgeber der üblichen Sorte erwartet, klappe den Buchdeckel am besten gleich wieder zu. Wer sich auf einen Text einzustellen vermag, der seinen Kompass deutlich in die Richtung einer Publikumsbeschimpfung ausgerichtet hat, möge weiterlesen und später entscheiden, ob er dieses Traktat allzu heftig, einfach übertrieben oder ungebührlich findet. Wer es allerdings schafft, Sachverhalten ins ungeschminkte Auge zu blicken, es versteht, Puzzlesteine zu *foresight* Szenarios zusammenzusetzen, über ein kämpfendes Herz verfügt und eigenes Grauen in bleischweren Albträumen gewöhnt ist, wer also Schockierung aushält, der wird hier das finden, wozu ich mich bekenne: Herbe Kritik am bestehenden Gesellschaftssystem, also an jedem Einzelnen von uns. Und dieser ist meine Leserin und mein Leser!

Ausschlaggebend für diesen Text, der in den letzten Jahren im Zuge vieler Gespräche, Vortragserfahrungen, Beratungssituationen, Kontakte mit engagierten Journalisten, Eltern, Pädagogen, Ausbildungsteilnehmern und zufälliger Begebenheiten Gestalt angenommen hat, war ein langer, nachdenklicher Blick meiner jüngsten Tochter und ein simpler, messerscharfer Kommentar, den sie beim Abendessen abgab.

Ich kann mich nicht mehr drücken. Ich muss jetzt in Form dieses Textes laut werden. Auch wenn es unangenehm wird, mir scheele Blicke oder auch offene Feindschaft eintragen wird, muss ich das Risiko klarer Worte auf mich nehmen. Denn ich habe mir das, was man »Überblick« nennt, über lange Zeit hinweg in redlicher Beschäftigung mit dem Thema erarbeitet. Ich bin in den letzten fünfzehn Jahren viel in Österreich, aber auch in anderen deutsch oder englisch sprechenden Regionen Europas herumgekommen. Ich leite ein Institut, das sich derzeit in fünf unserer Landeshauptstädte darum bemüht, psychosoziale Beraterinnen und Berater mit dem Schwerpunkt Erziehungsberatung auszubilden. Ich teile mit dem Beratungsteam unserer Onlineberatung das Wissen darum, wie es in österreichischen, deutschen und eidgenössischen Kinderstuben so aussieht. Seit mehreren Jahren tausche ich mich mit Fachkolleginnen und -kollegen aller europäischen Staaten in der *Working Group on the Quality of Childhood* im EU-Parlament zum Thema Gesellschaftsentwicklung sowie zu Erziehung und zum gesellschaftlichen Verständnis von Kindheit aus. In zahlreichen unserer Sitzungen führt Besorgnis Regie und ist der dringende Wunsch zu vernehmen, bei allen Bürgerinnen und Bürgern ein Bewusstsein dafür zu wecken, wie sehr die Kindheit, in der so viele Weichen gestellt werden und in der man so verletzbar ist, heute unter dem Primat einer rücksichtslosen Steigerungsgesellschaft verwaltet wird, die ihr brutales Gesicht hinter einer verführerischen Karnevalsmaske verborgen hält.

Das alles bereitet mir seit Längerem heftiges Kopfzerbrechen, das weder durch Schönreden noch durch entschiedene Ignoranz zum Verschwinden zu bringen ist. Meinen Mitstreiterinnen und Mitstreitern geht es übrigens genauso. Das macht es noch viel schwieriger, weiterhin zu schweigen. Immer öfter hängt in Falldiskussionen dieses »Wie weiter?« als ohnmächtiges Schweigen drohend in der Luft. Die Helfersysteme scheinen am Ende zu sein, können gekenterte Boote nur vor dem endgültigen Absaufen retten, aber nie wirklich segeltüchtig für die Lebensregatta machen. Die zukünftige Katastrophe nimmt in vielgestaltiger und vor allem systematischer Form bereits deutlich sichtbare Kontur in den verschiedenen Entwicklungsbiographien an.

Ich gebe in Diskussionsrunden gerne die Optimistin und in mir steigt heiliger Grimm hoch, wenn einer der Altvorderen – zu denen ich jahrgangsgemäß ja auch schon zähle – unsere Kinder und Jugendlichen wieder einmal als weniger oder gar nicht tauglich im Vergleich zu früheren Generationen abqualifiziert. Aber ich kann gewisse Daten und Sachverhalten nicht ignorieren und muss nach den zugrunde liegenden Ursachen fahnden.

Übergewichtig, ja am Rande der Fettleibigkeit, »chillbewusst« und im Gegenzug leistungsverweigernd, bereits am Beginn der Pubertät gefährdet, später einmal an ernsthaften, chronischen systemischen Erkrankungen wie Herzinfarkt, Schlaganfall oder Diabetes mellitus zu leiden, in großem Umfang suchtgefährdet und psychisch so krank, dass die psychotherapeutischen Kassenplätze für Kinder und Jugendliche gerade erst verdoppelt werden mussten – so treten uns immer mehr Kinder und Jugendliche als Repräsentanten der von der Politik proklamierten und herzhaft geforderten leistungsstarken Zukunftsgesellschaft gegenüber.

Prost Mahlzeit, und das bei der ganzen Mühe, die wir uns geben! Denn so viel Ratgeberliteratur zum Thema Erziehung hat noch keine Gesellschaft vor uns produziert. So gut ist es noch keiner Kindergeneration vor dieser heutigen gegangen. Zumindest wenn man sich die mit allerlei pädagogisch hochwertigem und entsprechend teurem Spielzeug und Konsolen gut bestückten Kinderzimmer anschaut.

Trotzdem ist der Wurm drin! Er sitzt ganz tief, im innersten Kerngehäuse und frisst sich satt an den Seelen unserer Kinder, noch ehe diese die Chance gehabt haben, sich zu entwickeln und genügend Widerstandskraft zu sammeln. Meine jüngste Tochter hat diesen »Wurm« für mich benannt. Präzise und hart, mit jener unverfrorenen Einfachheit, zu der nur große Geister oder Kinder fähig sind.

Das trug sich folgendermaßen zu: Es war ein ganz normaler psychotherapeutischer Praxistag. Die neunjährige Elena war in Begleitung ihrer Mutter zu einem Ersttermin angemeldet. Sie zeigte in der Schule verschiedene Verhaltensauffälligkeiten, die den geregelten Unterricht dermaßen störten, dass die Lehrerin sich außerstande sah, Elena weiter zu unterrichten.

Elena sei hochbegabt und ziemlich unterfordert, hatte mich ihre Mutter gleich beim telefonischen Erstkontakt richtig eingeordnet. Das stimmte, was die akademischen Leistungsmaßstäbe für Neunjährige anlangte, auch wirklich. Doch akademische Leistung allein, im Fall von Elena noch verstärkt durch ein breites Förderungsprogramm für dieses heiß ersehnte Kind eines älteren Akademikerpaars, vermag für sich allein nicht einen ganzen Sommer einer glücklichen, sozial integrierten Kindheit zu begründen.

Ein elfenhaftes, langgliedriges Kind mit milchweißem Teint presste sich eng an seine Mutter, als sie den Vorraum zu meiner Praxis betrat. »Sie grüßt Fremde nicht gerne«, erklärte mir diese sogleich, als meine ausgestreckte Hand ohne Erwiderung in der Luft hängen blieb. Mit Hilfe des Au-pair-Mädchens, das auch mitgekommen war, wurde die stocksteife Elena aus ihrer Jacke geschält und schmiegte sich sogleich wieder an ihre Mutter. Alles klar. Elena war also schüchtern. Damit sollte sich umgehen lassen. Sie war nicht das erste Kind mit einer für ihr Alter überzogenen Scheu in meiner Praxis.

Ich ging also voraus und öffnete einladend die Tür zu meiner Praxis. Vielleicht hätte mich das hastige Atmen einer plötzlich heftig hyperventilierenden Elena warnen sollen. Denn das gerade noch so ängstliche Kind raste an mir vorbei, sprang auf mein rotes breites Sofa und hüpfte dort wie eine Besessene auf und ab, während sie ein Stakkato schriller Schreie und Heultöne ausstieß, die immer wieder in »Nein – nein – nein« mündeten. Damit war schon schwieriger umzugehen!

Mir bot sich ein Bild, das an längst vergangene Psychiatriezeiten gemahnte. Genau in diesem Moment des Tumults öffnete sich ohne Vorwarnung der Hausglocke die Eingangstür und meine jüngste Tochter kam in Begleitung ihrer älteren Schwester von der Schule, um im hinteren Trakt meiner Praxis den Nachmittag zu verbringen und auf mich zu warten. Sie grüßte kurz die vollkommen hilflos beim Eingang stehende Mutter und das Au-pair-Mädchen und ging dann scheinbar ungerührt zum Sofa. Vor der tobenden Elena, die sie überhaupt nicht beachtete, blieb sie stehen. Normalerweise grüßte meine Tochter meine Patienten, interessierte sich ansonsten aber nicht weiter für sie. Doch diesmal musterte sie die knapp ein Jahr ältere Elena, als wäre diese ein Fabelwesen oder ein Kobold aus einer fernen magischen, ungezähmten Welt.

»Du ruinierst das Sofa«, sagte sie dann kurz und mit forscher Stimme, während sie versuchte, Elenas Blick einzufangen. Als das nicht gelang und Elena einfach weitertobte, wandte sie sich mit einem hörbaren Seufzen ab und verschwand gemeinsam mit meiner älteren Tochter im Privatbereich meiner Praxis.

Es dauerte noch eine Weile, bis es uns gelang, Elena mit vereinten Kräften, viel Betteln und dem Versprechen, dass sie nicht in mein Behandlungszimmer musste, zu beruhigen. Das Ganze endete mit einer tränenüberströmten Mutter, die mir ein Referat über Elenas wohlbehütete Kleinkindzeit und ihren unerklärlichen, zunehmenden Aggressionsausbrüchen hielt.

Auch wenn es ein weiter Weg werden würde, so war die Diagnose bereits klar. Elenas Eltern verstanden es schon seit sehr langer Zeit nicht, zwischen Bedürfnissen und Wünschen ihres Kindes zu unterscheiden. Dadurch war Elena in ihrer eigenen Verwirrung von beständig aufsteigenden Impulsen zu jemandem geworden, der rastlos nach Grenzen suchte. Dieses Kind schrie ganz verzweifelt nach Orientierung. Schließlich einigten wir uns darauf, dass Elena eben eine Anlaufzeit brauchte und dieser Termin eine lebensechte Demonstration der Problematik gewesen war.

Noch Stunden später trug ich eine tiefe Nachdenklichkeit, die dieses offensichtlich leidende und gleichzeitig so unbeherrschbare, gar nicht altersgemäß reagierende Kind in mir ausgelöst hatte, mit mir herum. Auch meine jüngste Tochter schien an diesem Abend in Gedanken versunken. Unser gemeinsames Abendessen verlief ungewöhnlich ruhig.

»Wir haben auch solche Kinder«, meinte sie schließlich.

Es war mir klar, dass sie damit Bezug auf ihre Schulklasse nahm.

»Lucca springt auch manchmal wie ein Irrer auf unserem Sofa rum, einfach so, wenn ihm etwas nicht passt. Sonja wirft ihre Snackbox auf den

Boden, wenn ihre Mutter ihr nicht das Richtige mitgibt. Und Daniel hat voriges Jahr einfach so immer wieder jemanden gebissen, wenn er sich geärgert hat«, ergänzte sie ihre Schilderung und rief mir jene Zeit in Erinnerung, in der die Klassenelternschaft Tendenzen einer Zusammenrottung gezeigt hatte, um ihre Kinder vor dem tollwütigen Daniel zu schützen.

»Hm«, machte ich fragend. Ich hatte den Eindruck, dass sie noch etwas zum Phänomen »Verhaltensoriginelle Kinder« sagen wollte. »Und was denkst du dir dabei?«, fragte ich sie schließlich direkt.

»Die gehen einem schon ziemlich auf den Geist, obwohl sie irgendwie nicht anders können«, versuchte sie das Dilemma zu beschreiben. »Aber mein Klassenlehrer ist da echt super. Der ist total cool und hat alles im Griff.«

Jetzt war meine Neugier tatsächlich geweckt. Dass Pädagogen neuerdings auch therapeutische Funktion hatten, war in informierten Kreisen ja bereits ein intensiv diskutierter Sachverhalt.

Ich versuchte, aus meiner Tochter den methodischen Ansatz zu destillieren. »Was macht er denn?«, fragte ich.

»Wenn sich einer aufführt, dann geht er einfach zu ihm hin, schaut ihm direkt in die Augen und sagt, dass jetzt Schluss damit ist, weil wir hier eine Gemeinschaft sind und nicht gestört werden wollen«, sagte sie.

Die ruhige, beständige Autorität ihres Lehrers, die auch ich an ihm so schätzte, war in ihrer Stimme als vertrauensvolle Selbstverständlichkeit, dass seine Führung in solchen Fällen undiskutierbar war, deutlich zu spüren. Damit wandte sie sich wieder ihrem Essen zu und das Thema schien erledigt.

Doch plötzlich sah sie mir sehr direkt ins Gesicht. In ihren Augen erkannte ich diesen »Jetzt will ich es wissen, jetzt musst du mir Rede und Antwort stehen«-Blick!

»Was machst du eigentlich mit diesen Kindern, wenn du Psychotherapie mit ihnen machst, Mama?«, fragte sie und ich fühlte mich auf den Prüfstand gestellt, ob das, was ich denn da so in meiner Praxis Tag für Tag trieb, denn etwas taugte.

»Ich therapiere diese Kinder und ihre Eltern eben.« Eine hochgezogene Augenbraue machte mir sogleich klar, dass sie das kaum als befriedigende Antwort akzeptieren würde. »Ich bemühe mich, herauszufinden, warum die Kinder so geworden sind und wie sich das auf ihr Verhalten auswirkt«, fuhr ich deshalb fort.

Doch ihrem Blick nach zu urteilen, war es mir auch damit keineswegs gelungen, ihre Zweifel an der Sinnhaftigkeit meines Tuns auszuräumen. Ich fühlte mich wie damals, als ich vor der ganzen Klasse Tonleitern hatte vorsingen sollen und das nie geschafft hatte.

»Also, ich versuche herauszufinden, warum das Ganze so geworden ist, wie es eben ist ...«, setzte ich erneut zu einer Erklärung an. Irgendwie hatte ich das Gefühl, einfach nicht auf den Punkt zu kommen. Verdammt, wie erklärt man einer Achtjährigen, was Psychotherapie ist?

»Eigentlich will ich nur, dass es den Kindern besser geht, denn du hast ja selbst vorher gesagt, dass diese Kinder irgendwie nicht anders können. Manche sind ja auch nicht laut oder beißen und schlagen andere, sondern sind sehr zurückgezogen, ängstlich, haben ständig schlechte Träume, machen ins Bett oder in die Hose, obwohl sie schon viel zu alt dafür sind oder können sich gar nicht über ihr Leben freuen. Ich will, dass sie in ihrem Kindergarten oder ihrer Schule besser zurechtkommen, Freunde finden, ihre Fähigkeiten und Talente entwickeln und sich freuen können. Und dass die Kinder und ihre Eltern einfach gut miteinander auskommen. Sie sollen spüren, dass sie einander wirklich lieb haben, damit die Kinder sich geborgen fühlen.«

So, jetzt war ich endlich zufrieden. Ich legte Messer und Gabel auf meinen leeren Teller und gratulierte mir innerlich. Doch der gedankenschwere Blick war trotz meiner brillanten, pädagogisch wohlgeformten Erklärung nicht aus dem Gesicht meiner Tochter gewichen.

Sie schien sehr ernsthaft über meine Worte nachzudenken, um schließlich zu meinen: »Wenn du das wirklich willst, Mama, dass die Kinder

Freunde haben und Spaß bei dem, was sie tun und dass sie sich aufgehoben und von ihren Eltern lieb gehabt fühlen, dann musst du den Eltern doch nur sagen, dass sie sich um ihre Kinder einfach richtig kümmern sollen. Die Kinder sind ja nicht krank, die spinnen doch nur! Die Eltern müssen ihre Kinder doch einfach nur erziehen!« Sie sah mich an und ihr Blick verriet, dass sie gerade ihrer vollsten Überzeugung Ausdruck verliehen hatte.

Wir schwiegen beide, doch dann machte sie nach einer kurzen Pause noch eine Bemerkung, die mich in ihrer Einfachheit und Direktheit so traf, als würde der Lichtkegel eines Scheinwerfers gerade in jenem Moment auf mich gerichtet werden, in dem ich in finsterer Nacht unerlaubt über eine Mauer zu klettern versuchte: »Oder können die Eltern das nicht?«

Oder können die Eltern das nicht? Verstehen es Eltern also nicht mehr, Eltern zu sein? Können Eltern, die ihre Elternschaft so ausüben, wie die heutige Gesellschaft es fordert und wie es ungeschriebenerweise heute »Mode« ist, in der Beziehung zu ihren Kindern nicht mehr die nötige Kraft entwickeln, ihnen Sicherheit, Klarheit und eine ihrem Alter entsprechende Führung zu geben? Damit sie in dem geschützten Raum, der dabei entsteht, nach und nach heranreifen können? Ist das »gängige Handbuch« elterlichen Verhaltens, der Code, wie Elternschaft im 21. Jahrhundert anzulegen ist und welche Rechte, Verantwortlichkeiten und Pflichten das bedeutet, der Entwicklung unserer Kinder vielleicht nicht mehr förderlich? Denn was sonst signalisieren die vielen Baustellen kindlicher Entwicklungsprobleme – von Verhaltensoriginalität über Hyperaktivität, Autoaggressivität, Selbstregulationsstörungen bis hin zu kindlicher Anorexie und Fettleibigkeit?

Genau das hatte meine Tochter mit ihrer schlichten, naiven Frage gemeint: Läuft hier etwas schief? Wisst ihr Erwachsenen eigentlich nicht mehr, was wir Kinder brauchen? Eine infam anmutende Grundhinterfragung, denn dass wir alle »geborene Eltern« sind, scheint ja doch eine unantastbare Grundvariable zu sein.

Aber eigentlich brauchte es mich gar nicht zu verwundern, dass der berühmte Kindermund die Wahrheit kundgetan hatte: »Deutet nicht mit dem Finger auf die lauten Kinder, sondern schaut euch selbst an.« Schließlich war es ja auch im Märchen ein Kind gewesen, das es als Einziges gewagt hatte, die Nacktheit des Kaisers anzusprechen, während der gesamte Hofstaat das Werk des tückischen Hofschneiders bewunderte.

Der Satz meiner Tochter ging mir nicht mehr aus dem Kopf. Und wie es nun einmal so ist mit Dingen, die knapp unter der Oberfläche des Alltagsbewusstseins darauf lauern, wieder ans Tageslicht geholt zu werden, sollte er mir in näherer Zukunft immer öfter einfallen. Er entpuppte sich als der fehlende Puzzlestein, der das ganze Bild erklärte.

»Die checken einfach ihren Auftrag nicht!«

Das war, wieder einmal, mein innerlicher Kommentar, als ich knapp eine Woche später die Eltern von Phillip in mein Behandlungszimmer bat. Wie so oft erwartete mich eine jener Situationen einer familiären Misere, die sich in dem zugegeben markigen Kondensat so treffend widergespiegelt fand.

► *Auf den ersten Blick sind sie ein Erfolgsduo Ende vierzig, Phillips Altvordere, und sie bemühen sich auch sehr, genau diesen Eindruck zu vermitteln. Als müssten sie sich gerade bei einem Hearing von sich selbst überzeugen. Der Anlass, der sie zu mir geführt hat, hat ihren Lebenskosmos so schwer erschüttert, dass sie nicht länger an die Unversehrtheit ihres eigenen strahlenden Lebensmodells glauben können. Dabei mutet alles wie eine Hollywood-Story in alpenländischem Format an.*

Beate ist Nobeldermatologin mit Nebenschwerpunkt Anti-Aging und versorgt in ihrer Innenstadtpraxis nur die beste Klientel. Das gute Dutzend an Wiener Zinshäusern, das ihr ewig unberechenbarer, cholerischer Vater, der sie und ihre Mutter immer abgewertet hat, ihr letztendlich doch vererbt hat, schafft einen behaglichen wirtschaftlichen Hintergrund.

Robert, ihr Mann, wirkt mit seiner Selfmademan-Haltung und seinem forschen Auftreten wie die ideale Ergänzung. Er hat sich karrieremäßig dem Entrepreneurship verschrieben. Er erklärt mir, die beste Entscheidung seines Lebens sei gewesen, sein Betriebswirtschaftsstudium zu »versemmeln« und stattdessen ein Großhandelsunternehmen für Badezimmerarmaturen aufzuziehen. Mit seinem Gespür für die richtige Gelegenheit, Einsatz und dem angeborenen Verkäuferinstinkt gelang es ihm, Großkunden im Hotel- und Spitalsbau an Land zu ziehen und in der Branche ganz oben mitzumischen. Er macht auch gleich klar, dass er Akademiker für beschränkt, reich an Buchwissen, aber realitätsfern und in der freien Wirtschaft für wenig überlebenstauglich hält. Selbstwert ist für den guten Mann also offenbar ein großes Thema. Beate muss sich permanent rechtfertigen und Robert spielt den Bewerter. In dieser Ehe gibt es also gewisse Grundturbulenzen, doch die Bedrohlichkeit der gegenwärtigen Situation vereint die beiden. Bis auf gelegentliche wechselseitige Seitenhiebe wird Harmonie demonstriert. Am Ende der Sitzung ist klar, dass beide zwar den Ernst der Lage und die möglichen Konsequenzen erkennen. Doch keiner von beiden hat genügend positive Veränderungskompetenz aufzuweisen, um das eigentliche Grundproblem anzupacken. Denn Beate hat es längst aufgegeben, ihrem Sohn als weisungsgebende Mutter entgegenzutreten. Sie bemüht sich in erster Linie um einen minimalen Frieden, indem sie ihm seine Wünsche erfüllt und möglichst konsequent über seine Präpotenz hinwegsieht.

Roberts erzieherische Inkonsequenz ist noch drastischer. Er erklärt mir:»Eigentlich müsste man das Ganze ja aus einem viel breiteren Blickwinkel betrachten. Natürlich war das nicht in Ordnung, was er getan hat, aber es war ja eine ganze Menge Alkohol im Spiel. Im Prinzip ist er ja sehr couragiert für sein Alter, hat sich überhaupt nicht in die Hosen geschissen. Peng, zack, einfach sein Ding durchgezogen.« Er unterstreicht seine Worte damit, dass er mit der Handkante die Luft zwischen seinem und meinem Sessel durchschneidet.

Phillip hat seinem Vater mit seiner Aktion, die immerhin ein Verfahren für mehrere strafrechtliche Delikte nach sich zu ziehen droht, also imponiert. Ich frage mich, ob Robert sich eigentlich darüber im Klaren ist, was es für seinen Sohn bedeutet, wenn er als Vater die laut Strafgesetzbuch eindeutig kriminellen Handlungen seines Sohnes bagatellisiert und sein fragwürdiges Draufgängertum sogar bewundert.

Bevor ich das jedoch thematisieren kann, krönt er seinen Gedankengang mit einer abschließenden Bemerkung, die mich daran zweifeln lässt, ob dieser Mann überhaupt selbst erwachsen und erziehungsfähig ist: »Eigentlich war das Ganze ja eine Art Mutprobe und dafür muss ein Richter, der halbwegs Grips im Kopf hat, Verständnis haben. Es gibt ja keine Rituale für junge Männer mehr, in denen sie sich beweisen können. Die Guten müssen sich dann eben selbst Herausforderungen schaffen und die Weicheier bleiben auf dem Sofa sitzen.«

Es würde also eindeutig ein weiter Weg werden, wenn wir für Phillip etwas zum Positiven verändern wollten.

Das Gleiche denke ich mir rund eine Woche später, als Phillip persönlich in meinem Behandlungszimmer Platz nimmt. Der »diagnostische Kommentar« meiner Tochter zum psychosozialen Status all dieser Kinder und Jugendlichen kommt mir wieder in den Sinn: »Mama, die sind ja nicht krank, die spinnen doch nur!«

Genau dieses »Der spinnt doch einfach« schießt in mir während dieser ersten Sitzung mit Phillip immer wieder auf. Er wird in ein paar Wochen siebzehn werden, ist also schon gut in der Kohorte der Jugendlichen installiert und im Outlook, auf den es heute bekanntlich vor allem ankommt, ein formidabler Bursche. Dünner, lässiger Kaschmirpullover einer edlen Marke, Jeans, die so kunstvoll zerfetzt sind, dass sie sicher ein Vermögen gekostet haben, und sockenlose Pubertätsfüße, die ein wenig seinem Körperwachstum vorausgeeilt zu sein scheinen – so präsentiert er sich mir, als ich ihm die Tür zu meiner Praxis öffne. Seine extrakorporale Identitätsquelle in Gestalt des neuesten Handymodells in der Hand, schreitet er aufrecht und mit federndem Gang in meinen Behandlungsraum.

Wie so manche seiner Altersgruppe ist er nicht freiwillig hier, sondern auf den guten und auch teuren Rat des Anwalts seiner betuchten Familie hin. Denn mit Einsicht und Bereitschaft zur Selbstreflexion ließe sich die Härte des Gesetzes ja vielleicht noch abfedern. Er lässt mich seinen Widerwillen spüren und deutlich durchblicken, dass der Anlass für unseren Termin eigentlich nicht der Rede wert ist. Damit will er auch gleich seinen Rahmen abstecken, dass es, wenn es nach ihm ginge, nicht viele solcher Rendezvous geben würde.

Ich bin anderer Meinung, doch ich muss ihm in dieser sensiblen ersten Phase Leine geben und höre einfach zu. Seiner Meinung nach handelte es sich um einen Spaß, einen Scherz, der bloß aufgebauscht worden sei. Mittlerweile sei das Ganze geradezu ein Witz, wenn auch ein schlechter, geworden.

Ich gebe mich weiter abwartend, mit einem Lächeln, das ihn zum Erzählen ermuntern soll, aber nicht meine Augen erreicht. Das gestriegelte Bürschchen im Fauteuil mir gegenüber ist ein Taktiker. Er will ganz offen mit mir konspirieren, um einer Gerichtsbarkeit, die er nicht respektiert, die lange Nase zu drehen. Das sagt er auch gleich ganz deutlich. Am liebsten wäre ihm, ich würde ihm jetzt sofort eine Bestätigung über 20 absolvierte Sitzungen ausstellen und seine hohe reflexive Potenz und die daraus folgende Einsichtsbildung attestieren. Danach würden wir auf ein Bier gehen und uns köstlich darüber amüsieren.

Ich trinke leider kein Bier und auch mein Humor folgt einem anderen Kompass. Meine sanfte, aber bohrend unausweichliche Nachfrage ist jetzt unvermeidlich. Was den Tathergang anlangt, hat er eine Art inneren Hollywood-Streifen à la»Stirb langsam 3« mit sich selbst in der Hauptrolle gespeichert. Dazu passt auch, dass er nicht das geringste Unrechtsbewusstsein hat. Er bringt sich in meinem Fauteuil in die passende, also lässig hingegossene, Position. Es war maximal ein Lausbubenstreich, also nicht der Rede wert. In Wirklichkeit ziemlich cool, mega-cool sogar, wenn man es genau nimmt und er sich an die ganze Action und das Gefühl dabei erinnert.

»Es war an einem Samstag, spät abends, eigentlich war es schon so gegen halb zwei Uhr«, beginnt er, als ich ihn auffordere, mir die ganze

Sache nochmals zu schildern. Eigentlich war es ein ganz chilliger Abend gewesen. Jo-Jo, sein bester Freund, und er hatten ziemlich viel Bier getrunken und sich die Zeit mit Computerspielen, Warcraft und so, vertrieben. Sie waren allein im Haus seiner Eltern, die in ihr Wochenendhaus gefahren waren. »Uns ist dann das Bier ausgegangen«, eröffnet er mir in einem Ton, als würde das das Folgende bereits völlig selbstredend erklären.

Sie beschlossen also, zu einer Nachttankstelle auszureiten, um sich mit weiterem Bier einzudecken. Der Range Rover seiner Mutter schien in der elterlichen Garage nur darauf zu warten. Der zu diesem Zeitpunkt bereits recht hohe Alkoholisierungsgrad ließ nicht nur das geplante Unternehmen plausibel erscheinen. Er war auch dafür verantwortlich, dass die Fahrt in einer engen, beidseitig zugeparkten Seitengasse des 13. Wiener Gemeindebezirks mit einem großflächigen Schaden an gut einem Dutzend Fahrzeugen endete, als Phillip mit dem Wagen seiner Mutter die anderen Autos abrasierte. Durch kluges Gegensteuern war es ihm sogar gelungen, dabei auf beiden Seiten kein einziges Fahrzeug auszulassen. Doch damit nicht genug. Nach dem Eintreffen der Polizei kam es zu turbulenten Szenen, als Phillip sich mit einem von einem Fahrzeug kurzerhand abgebrochenen Scheibenwischer der Festnahme durch mehrere Beamte widersetzte. »Den Bullen habe ich es gezeigt«, sagt er zu mir, noch immer von sich selbst überzeugt und ohne jeden Ansatz von Reue.

Es ist zum Haare raufen! Da sitzt dieses Milchbubi vor mir, das in seinem ganzen Leben laut Aussage seiner Eltern keine größeren Härten als einen Zahnarztbesuch hat erleben müssen, trägt Kleidung, die ein durchschnittliches Monatsgehalt eines Normalverdieners kostet, gehört zur sogenannten Zukunftselite und hat nur ein Achselzucken dafür übrig, dass er neben einer ganzen Reihe von Delikten auch noch mindestens zwei Polizisten schwer verletzt hat. Das ist dem Polizeibericht leider unmissverständlich zu entnehmen.

Eigentlich ist Phillip streng genommen als soziopathisch einzustufen. Doch gleichzeitig habe ich den Eindruck, dass hier vor mir ein großer Dreijähriger sitzt, der schlicht und einfach noch nicht imstande ist, die Tragweite seines Handelns zu begreifen, sondern in seiner Unbedarftheit immer noch meint, das Ganze würde als Scherz durchgehen.

Dass sich hinter Phillips vorgeschobener Coolness ein tief verunsicherter, sehr verwirrter junger Mensch verbirgt, der bereits seit Langem vergeblich nach Führung sucht, die ihm Handlungsanleitung und Orientierung gibt, wird sich in seiner ganzen dahinter liegenden Verzweiflung erst in den nächsten Sitzungen eröffnen. Im Moment denke ich mir bloß: »Der spinnt doch einfach.«

Bedauerliche Einzelfälle – oder steckt System dahinter?

Elena mit ihrem Wutanfall auf meinem roten Sofa und ihrer ohnmächtigen Mutter oder Phillip sind nicht die einzigen Kinder oder jungen Menschen, die augenscheinlich Probleme mit ihrer Entwicklung haben. Da ist auch noch Josef, mein dreizehnjähriger Schulverweigerer, der mit seinen 140 Kilogramm schon eine riesige Menge an Kränkungen in die Waagschale zu werfen hat, die mit schuld an seinen sozialen Ängsten sind. Er ist aber nur einer aus einer beängstigend großen Gruppe von schwergewichtigen Kindern, für deren Behandlung man bereits Spezialambulanzen einrichten muss.

Sophie wiederum kennt nichts anderes, als die Fahndung nach weiteren Kalorien, die sie reduzieren kann. Sie lebt unter dem Terrorregime ihrer Badezimmerwaage und ist mit ihren zarten zwölf Jahren bereits Anorexie-Patientin. Frühere Generationen hätten in ihrem Alter dieses Wort noch nicht einmal buchstabieren können.

Markus verweigert als Achtjähriger nach wie vor jeglichen geregelten Toilettengang, den er stattdessen konsequent in die Hose abliefert. Er ist bereits mehrfach nach allen Regeln organmedizinischer und psychologischer Kunst vermessen und getestet worden, was jedoch nichts am bestehenden Sachverhalt geändert hat.

Lydia hat im letzten Jahr vor Aufnahme ihrer Therapie ihre Unterarme mit derart vielen Schnitten traktiert, dass sich nun ein Narbenmuster aus zarten weißen Linien wie eine überdimensionale tätowierte weiße Manschette auf der gemarterten Haut abzeichnet.

Gregor ist internetsüchtig und hat seiner Mutter schon mit vierzehn in einem Wutanfall die Papierschere durch den Oberarm gerammt, als sie die Internetverbindung zu kappen drohte. Nach Erfüllung der allgemeinen Schulpflicht lebt er nun in einer symbiotischen Beziehung mit seinem Laptop.

Anna, Manuela und Kerstin wiederum haben in der dritten Klasse des Gymnasiums einen handfesten Prostitutionsbetrieb eingerichtet, mit dem sie sich ihr Shopping finanzieren. Aufgrund der guten Nachfrage und wegen der limitierten Pausenzeiten in der Schule haben sie das nun auch auf den Nachmittag ausgeweitet und praktischerweise gleich in eine der elterlichen Wohnungen verlegt, da sowieso niemand zu Hause ist. »Sex ist einfach etwas, auf das die Typen stehen und mit dem sich super Kohle machen lässt«, erklärt mir Manuela voller Überzeugung. Mich befallen angesichts ihrer unverrückbar anmutenden Selbstverständlichkeit und Sicherheit dunkle Zweifel, ob für dieses Kind Sexualität je etwas anderes sein wird als ein Konsumgut und somit eine Ware. Immerhin braucht sie nicht zu lügen, denn die nachschulische Nachmittagsbeschäftigung wird von ihrer berufstätigen alleinerziehenden Mutter stillschweigend geduldet. Sie sieht lieber weg, als Kämpfe mit ihrer frühreifen Tochter auszufechten, solange diese die Pille nimmt und zur Therapie kommt.

Neben dieser Gruppe von Kindern, die derart auffällig geworden sind, dass sie einer Behandlung zugeführt werden müssen – jenen Kindern also, die meiner langjährigen Einschätzung nach einfach ganz, ganz laut werden müssen, um auf ihre innere Not und Verwirrung hinzuweisen –, neben dieser sichtbaren Spitze des Eisbergs also gibt es eine weitere, noch viel größere und beständig wachsende Gruppe von Kindern, die gerade noch unterschwellig sind. Das heißt, sie fliegen gerade noch unter dem Radar offensichtlicher Auffälligkeit, sind aber in der einen oder anderen Form deutlich beeinträchtigt und geben Anlass zur Besorgnis, wenn man darüber nachdenkt, wie sie in Zukunft ein erwachsenes, selbstverwaltetes Leben führen und befriedigende respektvolle Beziehungen mit anderen Menschen eingehen sollen.

Eine altgediente Pädagogin aus einer unserer Ausbildungsgruppen zur Erziehungsberaterin hat das einmal sehr prägnant zusammengefasst: »Als ich vor rund dreißig Jahren in den Schuldienst eintrat und als klassenführende Pädagogin zu arbeiten begann, hatten wir drei bis vier in irgendeiner

Weise schwierige Kinder pro Klasse. Heute habe ich eine gute Klasse, wenn drei bis vier Kinder keine Auffälligkeiten zeigen oder gerade extremen Stress wegen der Probleme der Eltern haben.«

Da sind Bernadette, Markus, Sophia, Max, Flora, Paul, Anna, Robert, Kathrin, Sebastian, Maria-Martina und wie sie alle heißen, die einfach nicht mitmachen, ihre Hefte nicht aufschlagen, wenn sie sollen, nicht bereit sind, in den Garten zu gehen, wenn alle anderen es tun, sich tobend in der Garderobe wälzen, wenn sie ihre Jacke oder ihr Turngewand anziehen sollen. Allesamt überblasen sie die schrille Melodie obstinater, unüberwindbarer Verweigerung mit ihrem Verhalten und produzieren alltägliche Verzweiflung für ihre Umgebung.

Sie alle – und noch sehr viele mehr – tun ihre Rebellion kund, sorgen bei ihren Betreuerinnen, Pädagogen und auch bei ihrer Familie für Kopfschütteln und Ratlosigkeit. Sie legen allesamt ein Verhalten an den Tag, das gravierende Mängel im altersadäquaten Selbstmanagement und der Fähigkeit, sich selbst zu beruhigen, zeigt.

Sabine wird wahrscheinlich auch heute, während ich dies schreibe, wieder an ihrem Kakaofläschchen nuckeln, wenn sie zu Bett geht. Eine Szene, die angesichts der Tatsache, dass sie bereits elf Jahre alt ist und schon menstruiert, seltsam anmutet.

Robert braucht zwar kein Fläschchen mehr zum Einschlafen, aber der Zehnjährige beharrt darauf, zwischen seinen Eltern im Ehebett zu schlafen und prügelt jeden Ansatz eines Versuchs, ihn von einem altersadäquaten eigenen Schlafplatz zu überzeugen, im wahrsten Sinn des Wortes sofort aus seinen verängstigten, behutsamen Akademikereltern heraus.

Die neunjährige Sandra ist da vergleichsweise unproblematisch und akzeptiert sogar ihr eigenes Bett, solange ihr allabendlich die mütterliche Brust zur Verfügung steht.

All diese Kinder werden von ihren Eltern zwar als mühsam erlebt, aber eifrig als »normal« bezeichnet. Was allerdings an dem eigentlichen Problem vorbeigeht, dass diese Kinder durch die soziale Entwicklungsverzögerung bis hin zur Infantilisierungsfixierung in der Entwicklung ihres Potenzials vehement eingeschränkt sind. Die eigentliche Botschaft dieser Kinder ist die Verweigerung. Und hier könnte Schlimmes auf uns zukommen, wenn wir uns in zehn bis fünfzehn Jahren hauptsächlich in einer Gesellschaft bewegen und bewähren müssen, in der junge Erwachsene nichts anderes sind als großgewachsene Vierjährige, die ihre emotionale Steuerung noch nicht ausreichend im Griff haben. Die Zukunft der Tyrannenkinder könnte für uns Eltern noch weit schlimmer aussehen als die Gegenwart!

Wir haben also ein ernstes Problem mit der Generation, die da gerade heranwächst und die leistungsstark sein und üppig ins Steuer- und Pensionssystem einzahlen muss, wenn der ohnehin schon schwankende Karren nicht vollends an die Wand gefahren werden soll. Daher ist beherztes Nachforschen statt systematischem Wegschauen angesagt!

All diese Kinder, die heftig auffallenden Tyrannenkinder genauso wie jene, die sich an der Grenze zur Auffälligkeit bewegen, sind allerdings weder böse noch wahnsinnig und, um es für alle Ewiggestrigen explizit auszuformulieren, auch kein schlechteres Kindermaterial als frühere Generationen. Die allerwenigsten dieser Kinder sind tatsächlich manifest psychisch krank und nur ein paar vereinzelte bewegen sich durch ihre biographische Überforderung am Rande dazu. Aber verrückt, irgendwie »heraus gerückt« aus einem normalen, unbeeinträchtigten Kinderleben wirken sie mit ihren Verhaltensoriginalitäten, Eigenheiten, Wutanfällen und ihrer Tyrannei nahezu alle. Sie brauchen Hilfe, und zwar unmittelbar, rasch und auf grundsätzlicher Ebene!

Der Hausverstand würde den allermeisten Kindern hier attestieren, dass sie einfach spinnen und damit die feine Grenze zwischen einem »schlimmen« und einem »spinnenden« Kind ziehen. Das »schlimme« Kind setzt aus Übermut, Wut oder einer anderen Stimmung heraus eine Aktion, die ihm durchwegs als Regelverstoß bewusst ist. Das »spinnende« Kind setzt seine Aktionen aus einem eigenen inneren Bezugssystem heraus, das weder seiner altersadäquaten Entwicklung entspricht, noch soziale Grenzen ausreichend zu erkennen und respektieren vermag.

Doch wieso »spinnen« heute so viele Kinder? Und das ausgerechnet in unserer saturierten und sich nach allen Seiten hin offen und liberal gebenden Konsum- und Technologiegesellschaft, die so viel Mühe und medialen Einsatz darauf verwendet hat, »alte Erziehungswerte« als schädlich zu entlarven oder als nutzlosen Ballast abzuwerfen? So viel Plackerei und Arbeit wie in den letzten zweieinhalb Jahrzehnten geleistet wurde, um das kollektive Unbewusste samt seinen Grundüberzeugungen und Glaubensgrundsätzen umzukrempeln, passiert sonst nur in Revolutionszeiten. Als Ergebnis stehen wir nun einer immer größer werdenden Gruppe gestörter Kinder und Jugendlicher gegenüber, deren Zukunft als Erwachsene Anlass zu ernsthafter Besorgnis gibt.

Was dürfen wir von einem Siebzehnjährigen erwarten, der sich grober Sachbeschädigung und Körperverletzung schuldig macht, ohne dabei das geringste Unrechtsbewusstsein zu haben? Können wir uns vorstellen, dass Sabine mit ihrem Nuckelfläschchen in zehn oder fünfzehn Jahren die Verantwortung für ein eigenes Kind übernimmt? Wie wird das Arbeits- und Beziehungsleben all dieser tyrannischen Prinzen und Prinzessinnen aussehen, wenn ihnen der Hofstaat ihrer sie bewundernden Familie abhandenkommt?

Eine oberflächliche Betrachtungsweise oder Schuldzuweisungen an die üblichen Verdächtigen sind hier jedoch gänzlich fehl am Platz. Dafür ist das, was sich da im Unterbau unserer Gesellschaft gerade abspielt, zu grundsätzlich und zu folgenschwer.

Nüchtern betrachtet, ist eine Gesellschaft mit ihren Regulativen und ihrem jeweiligen Selbstverständnis, ihrer Realitätskonzeption und damit ihrer Einschätzung dessen, was »angemessen« und »normal« ist, nichts anderes als ein Konzern, in dem Generationen produziert werden. Die

Elterngeneration »produziert« die Folgegeneration und bereitet diese durch ihre Erziehung auf die Anforderungen des Erwachsenenlebens vor. Natürlich gibt es in jeder Produktion auch sogenannte »Mängelexemplare«, die für den geplanten Endzweck des Produkts – in diesem Fall Teil der neuen Zukunftsgesellschaft zu werden – weniger brauchbar sind. Wie so ein »Mängelexemplar« definiert wird, dafür gibt es Toleranzgrenzen. Und zwar sowohl dafür, wie stark von der erwünschten Norm abgewichen werden darf – also ab wann das Produktionsstück als zu »fehlerhaft« oder »nicht ausreichend konform« etikettiert wird – als auch für die Quantität – also wie viele Stücke aus einer gewissen Menge abweichend sein dürfen. Solange sich das Ganze im Toleranzbereich bewegt, bleiben alle ruhig. Ein gewisses Ausmaß an Verweigerern, Spinnern, ja sogar Soziopathen oder völlig Unproduktiven hält eine Gesellschaft im Allgemeinen aus. Die »Mängelexemplare« werden mal als Materialschwäche, mal als Versagen der mit der Bearbeitung betrauten Personen oder der bearbeitenden Maschine, also der Gesellschaft, gesehen.

Überschreiten die »Mängelexemplare« jedoch eine gewisse Anzahl, gerät die Produktion in Aufruhr und die Suche nach den Ursachen beginnt, da ansonsten die gesamte Produktionsanlage bedroht ist. Eine Produktion, die ihren Auftrag nicht erfüllen kann, rationalisiert sich logischerweise selbst weg. Das gilt bei der Herstellung von Tupperware oder Autoteilen genauso wie in Staat und Gesellschaft. Einer Gesellschaft, die nicht mehr genügend »fitte« Nachkommen hervorbringen kann, sondern bloß eine Generation, die lautstark »Verweigerung!« schreit, könnte es also an den Kragen gehen ...

Wir reden hier wohlgemerkt von *unserer* Gesellschaft. Mit ihrer Verweigerung präsentiert die nächste Generation uns die Rechnung. Es wird also Zeit für einen Aufruhr.

Was heißt hier »fit for life«?

Wir haben einen Auftrag in Bezug auf unsere Kinder. Und auf den sollten wir uns bei aller Selbstinszenierung, eigener Bedürftigkeit nach Anerkennung und allem »modern sein Wollen« auch tunlichst besinnen. Er ist ziemlich simpel und wenn man selbst genügend erwachsen ist, auch durchwegs erfüllbar. Das Ganze basiert auf einem einfachen und grundsätzlich unauflöslichen Vertrag, der in dem Moment in Kraft tritt, in dem wir Kinder in die Welt setzen. Wir sind für sie verantwortlich und müssen sie »*fit for life*« machen. Wir müssen sie durch ihre Kindheit und Jugend begleiten, bis wir sie im jungen Erwachsenenalter endlich in die Unabhängigkeit entlassen können.

Das heißt, wir als Eltern, aber auch als Gesellschaft, sozialisieren das Kind durch die Vermittlung von Normen, Werten, situativen Verhaltensweisen oder Regeln und bringen ihm einen Verhaltenskodex bei, der es ihm ermöglicht, sich in die Gemeinschaft zu integrieren. Das alles unter Berücksichtigung der speziellen Talente des Kindes und seiner Individualität. Wir sprechen hier also von der Basis, dem gesellschaftlichen Alphabet, mit dem das Kind lernt, im Laufe der Zeit das Buch seines eigenen Lebens zu schreiben.

Das Ganze nannte sich früher, als man sich noch weniger darum bemühen musste, möglichst frühzeitig die beste Freundin oder der beste Freund seines Kindes zu werden, um als aufgeschlossene Mutter oder als aufgeschlossener Vater zu gelten, Erziehungsauftrag. Heute klingt das irgendwie sperrig, fast schon anrüchig, auf jeden Fall mühevoll, zäh und weniger cool, als sich den Minirock der vierzehnjährigen Tochter anzuziehen oder den Sprachstil des pubertierenden Sohnes zu übernehmen. Aber die Neuigkeit lautet: Man kommt aus diesem Vertrag nicht heraus!

Im Prinzip ist es ganz einfach: Eltern müssen kraft ihres Erfahrungs-vorsprungs Führungs- und Orientierungskompetenz beweisen, also einfach Eltern sein, damit Kinder einfach Kinder sein und ihren Eltern (nach) folgen können. Das ist so simpel und hat sich über so viele Jahrtausende bis ins 21. Jahrhundert bewährt, dass man es als selbstverständliches Grundgesetz bezeichnen könnte. Die Alten geben die Regeln vor, tragen die Verantwortung für die Jungen, bringen ihnen alle Tricks und Kniffe bei und vermitteln ihnen, worauf es ankommt. Die Jungen hören zu, machen, da unsere Spezies bekanntlich höchst imitationsfreudig ist, alles nach und wachsen an der immer länger werdenden Leine der Alten immer mehr in eine schrittweise erprobte und damit auf einem soliden, selbstbewussten Fundament stehende junge erwachsene Existenz hinein. In der können sie dann von mir aus auch gerne alles umkrempeln, neu erfinden und frisch bewerten – sie sind dann ja erwachsen, sprich, mit planerischem und vorausschauendem Denken ausgerüstet und dadurch fähig, die Verantwortung für die Konsequenzen ihres Tuns zu tragen.

Bis hierher gibt es nahezu niemanden, der auch nur im Entferntesten etwas mit Kindern zu tun hat, der diese Überlegungen nicht nachvollziehen könnte. Trotzdem ist es wichtig, sich diese schlichte, allgemein verständliche Grundübereinkunft explizit vor Augen zu führen. Denn erst der Blick auf das Grundsätzliche führt zu der Einsicht, dass auch eine minimale Abweichung der Kompassnadel vom Kurs, wenn man sie lange Zeit toleriert, letztendlich zu einer ganz anderen Reiseroute und einem anderen Ziel als dem ursprünglich geplanten führt.

Obwohl so eindeutig feststeht, wie die Beziehung zwischen Eltern und Kindern beziehungsweise zwischen der Gesellschaft und der nächsten Generation aussehen soll – Eltern und Gesellschaft tragen die Verantwortung für das gedeihliche Aufwachsen der Kinder, die Kinder wiederum überlassen sich vertrauensvoll der Führung ihrer Eltern, und die liebevolle

Verbundenheit, die auf unzähligen gemeinsamen Erlebnissen gründet, ist der Klebstoff für diesen nicht immer friktionsfreien Prozess –, liegt gerade hier das Problem. Denn unsere moderne Gesellschaft gibt zu diesem grundsätzlichen Auftrag nur ein Lippenbekenntnis ab und ignoriert ihn im Alltagsleben vollständig. Moderne Eltern führen ihre Kinder nicht mehr, sondern wollen Kumpel sein. Wer anderer Ansicht ist, gilt rasch als rückschrittlich oder autoritär.

Die Kinder ihrerseits rebellieren und sind ebenfalls nicht bereit, ihren Teil des Vertrags einzuhalten. Mit anderen Worten: Sie verweigern die Gefolgschaft und entwickeln stattdessen zum Teil recht obskur anmutende Wirklichkeitskonstruktionen, die für sie selber alles andere als förderlich sind.

Sabine konnte zum Beispiel nicht auf die Sportwoche ihrer Klasse mitfahren, weil es für sie einfach unvorstellbar war, ohne Kakaofläschchen einzuschlafen. Phillipps Biografie wird durch die Aktion mit dem Range Rover seiner Mutter eine nicht unerhebliche Delle abbekommen. Markus bewegt sich mit seiner konsequenten Hosenscheißerei geradewegs auf den sonderpädagogischen Schulzweig zu, in dem er dann vielleicht Georg treffen wird, der sich zu einer echten Struwwelpeter-Existenz entschlossen hat. Es gelingt dem mittlerweile Zehnjährigen seit drei Jahren, Kamm und Haarbürste seiner verzweifelten Mutter auszuweichen. Auch eine Haarwäsche kommt für ihn nicht infrage, weicht er Wasser und Seife doch grundsätzlich aus. Mit entsprechenden olfaktorischen Konsequenzen.

Diese Kinder und auch all die anderen, die für mich nach zahlreichen Fallanalysen wirken, als würden sie verwirrt und viel zu früh auf einer Lebensautobahn herumirren, die sie schwer überfordert, und die allesamt mit Recht in Form von Verhaltensauffälligkeiten, Spinnereien oder verrücktem Gehabe laut nach Orientierung schreien, nehmen eine ganze Menge in Kauf. Wir sollten ihre Botschaft endlich kapieren! Auch wenn es unangenehm ist. Auch wenn es unsere Egos kränkt. Auch wenn unser Heiligenschein als berufstätige Karrierefrau und Mutter, die meint, alles unter einen Hut bringen zu können, verblasst. Auch wenn wir unsere Behauptung, dass wir im Unterschied zum eigenen Erzeuger ja ein echter Vater für unsere Kinder sind, ehrlich hinterfragen und auf den Prüfstand stellen müssen.

Auch wenn wir uns fragen müssen, welche Botschaften wir unseren Kindern in dieser bequemen, hauptsächlich auf Konsumerlebnisse und Umsatz ausgerichteten Gesellschaft tagtäglich vermitteln.

Und auch wenn das alles unbequeme Stunden verspricht, so müssen wir die Botschaft trotzdem verstehen. Das schulden wir all diesen Kindern mit ihren gemarterten Seelen, die verwirrt und angstvoll nicht nur durch psychotherapeutische Sprechzimmer (oder auch nur durch ihre Klassenzimmer und Kindergartengruppen), sondern auch durch ein Universum treiben, das sie nicht verstehen und dabei ihre Kräfte aufzehren. Entwicklungsverzögert, sozial unangepasst bis schlecht integrierbar, leistungsverweigernd, wehleidig, permanent auf der Suche nach Reizen, konsumorientiert, aggressiv, depressiv und im schlimmsten Fall autodestruktiv und vor allem weit davon entfernt, ihr Potenzial zu entwickeln.

Wir schulden diesen Kindern eine genaue und unbarmherzig schonungslose Aufdeckung, was hier gesellschaftlich eigentlich schiefläuft. Auch wenn es uns danach peinlich sein sollte, unserem Spiegelbild mit seinem falschen Erfolgsgrinsen zu begegnen. Denn genau das tun unsere Kinder – sie halten uns einen Spiegel vor Augen. Dabei schreien sie, so laut sie können. Sie haben recht damit. Denn wir lassen sie jetzt, in ihren Kindertagen, im Stich. Die Rechnung dafür werden sie uns präsentieren, wenn sie erwachsen sind und sich von uns abwenden.

Und jetzt überprüfen Sie ganz schnell noch einmal, ob Sie weiter lesen wollen oder den Impuls empfinden, diesen Text einfach zuzuschlagen.

Willkommen in der schönen neuen bunten Welt

Jetzt macht sich angesichts der Anschuldigungen, die ich gegen bemühte Eltern und rastlose Gesellschaftspolitik erhebe, wohl gerade Empörung breit. Die Gegenbeweise liegen doch auf der Hand! Noch nie haben wir uns so bewusst für ein Kind entschieden, noch nie wurde so viel über Kinder geschrieben und gelesen, noch nie so viel in Kinder investiert, denn dass Kinder eine teure Angelegenheit sind, weiß heute jeder. Dennoch lassen wir sie als Gesellschaft substanziell im Stich und weigern uns als Eltern, unseren Erziehungsauftrag zu erfüllen. Der unterschiedlich ausfallende Protest der Kinder, der sich in diversen Auffälligkeiten niederschlägt, ist erst der Anfang. Denn irgendwann werden sie ja doch erwachsen oder zumindest ausgewachsen sein.

Um zu verstehen, wie es dazu gekommen ist, müssen wir die Uhr ein paar Jahre zurückdrehen und die Entwicklungen Revue passieren lassen.

Vor gar nicht allzu langer Zeit war die Welt noch sehr eindeutig und simpel gegliedert. Es gab die Guten auf der einen und die Bösen auf der anderen Seite. Das war bequem und vermittelte ein Gefühl von Sicherheit, Überblick, Kontrolle und natürlich Zugehörigkeit – Zugehörigkeit zu den Guten versteht sich, denn egal auf welcher Seite man stand, man gehörte immer zu den Guten! Wichtig war nur, dass es zwei Seiten gab, denn darauf gründete das ganze Spiel. Und natürlich darauf, dass man es möglichst schwer machte, die andere Seite kennenzulernen und sie als gefährlich verkaufte. Man zitterte vor den anderen, pflegte seine Abgrenzung und fühlte sich in der eigenen Haut wohl und bestätigt. Auf diese Weise gelingt es solchen Systemen besonders identitätsspendend zu werden. Und es tut ausnehmend wohl, wenn man weiß, wer man ist und dieses Wissen nicht erst Stück für Stück mühselig erwerben muss, wie es heute im Zeitalter der unbegrenzten Möglichkeiten und vor allem der unterschiedlichsten Wertvorstellungen der Fall ist.

Für mich bedeutete das in meiner Jugend, dass alle Bösen hinter dem Eisernen Vorhang saßen, während ein imaginäres kollektives »Wir« im Westen a priori die Guten verkörperte. Das führte dazu, dass eine Reise nach Budapest einem Abenteuer glich, das von Kommilitonen bewundert und durch stundenlange Grenzkontrollen durch finster dreinblickende Beamte behindert wurde. Es zwang einen auch, einen Blick auf Stacheldrahtverhaue, Hundepatrouillen, Maschinengewehre und Wachtürme samt grellen Scheinwerfern zu werfen, was wohlige Gänsehaut verursachte und die Idylle der eigenen Lebensart im wenige Kilometer entfernten Wien bestätigte. Bukarest fühlte sich von seiner Erreichbarkeit her an, als würde es auf den Osterinseln liegen, und die Berliner Mauer allein war schon die Verkörperung der schwarzen Macht.

Es herrschte ein Gleichgewicht des Schreckens, aber immerhin ein Gleichgewicht. Das war schon einmal etwas, auf dem man aufbauen und in dem man einen sicheren Rahmen und einen Platz finden konnte. Von dem aus konnte man unter den klaren Wertevoraussetzungen dieser Gesellschaft schaffen oder auch raffen wie man wollte. Wie heißt es doch so schön: Gib mir einen festen Punkt und ich hebe die Welt aus den Angeln!

Dann kam die Wende und mit ihr der Sieg unseres Teiles der Welt und damit unserer Werte. Da wir für uns die Rolle der »Guten« beanspruchen konnten und uns Demokratie, Wohlstand, Kapital und Konsum auf die Fahnen geheftet hatten, war das natürlich besonders fein. Die Gründe für den Zusammenbruch der Sowjetunion als Protagonisten der »bösen anderen« lassen wir hier beiseite, auch wenn sie in ihrer Tiefendynamik jenseits von Politik höchst spannend sind.

Doch wir wollen uns hier zügig auf die Misere unserer Kinder konzentrieren, die wir verkauft, instrumentalisiert, betrogen haben und in der sensiblen Zeit des Aufwachsens und der Orientierungssuche einfach im Stich lassen. Wir wollen uns anschauen, wie die Antwort aussehen wird, die sie uns bald geben werden. Dafür müssen wir uns vorher aber im Tiefengebälk unseres psychologischen Kellers mit den Auswirkungen unseres Sieges und damit mit den gesellschaftlichen Überzeugungen auseinandersetzen, die sich in den letzten zweieinhalb Jahrzehnten entwickelt haben.

Wie sich unser Menschenbild verändert hat oder
Wer wir heute sind

Seit den frühen Neunzigerjahren sind alle westlichen Konsumstaaten, die sich mittlerweile zu postmodernen Technologiegesellschaften transformiert haben, also Sieger. Und mit ihnen natürlich auch ihre Grundüberzeugungen und ihr Selbstkonzept, das allein durch die »Befreiung der anderen« und die Durchsetzung »unserer Ideologie« einen enormen Schub fürs Ego erhalten hat. Wir haben mit unserer Haltung letztendlich also »recht« gehabt! Recht zu haben ist ein sattes, schmeichelndes Gefühl und führt bekanntlich dazu, dass man sich überlegen fühlt und glaubt, andere belehren zu können.

Was also ist unser Erfolgsrezept? Wie baut man die richtige Gesellschaft auf?

Wir präsentieren die Zutaten unserer Erfolgsgeschichte gern laut und inszenieren uns in unserer Verliebtheit in Selbstdarstellung am liebsten permanent.

Besonders bedeutend, ja fast schon sakral verbrämt in unserem gesellschaftlichen Wertekoffer ist natürlich »die Freiheit«, und zwar bitte die »vollkommene«. Wir wollen heute alle frei leben, absolut frei, und ja keine Zwänge oder irgendetwas, das unsere Freiheit beschränken könnte, akzeptieren. Folgerichtig haben wir alles, das wir auch nur in der Nähe von autokratisch oder autoritär vermuten, auf der Fahndungsliste. Autorität per se ist schon suspekt. Dementsprechend haben wir in den letzten zweieinhalb Jahrzehnten auch gerne und viel von der Freiheit gesprochen: von der freien Marktwirtschaft zum Beispiel, dem freien Spiel der Kräfte, der freien Entfaltung und natürlich der freien Wahl, denn Wahlfreiheit – nicht die bei der politischen Wahl, die interessiert uns und die Jüngeren zunehmend weniger, sondern die der persönlichen Lebensgestaltung – ist uns nahezu heilig. Wir wollen jeder in unser Mickymaus-Leben hineinpacken, was uns gerade gefällt, und es natürlich auch jederzeit wieder verändern, wenn eine Durststrecke droht und das Gewählte sich vielleicht als mühevoll herausstellt. Sonst wären wir ja blöderweise nicht mehr frei. Damit stehen wir bereits am Rande einer Schlangengrube. Denn wenn das wundervolle Privileg der Wahlfreiheit nicht auch eine entsprechend ernsthafte Wahlverantwortung mit einschließt, entsteht daraus Beliebigkeit mit all ihren fatalen Konsequenzen. Aber das ist möglicherweise nur etwas für Spitzfindige – und für unsere Kinder, die das ganz genau erfasst haben.

Gleich neben der Fürstin »Freiheit« finden sich als beste Freundinnen »die Potenzialentfaltung« und »die Individualität«, praktisch unzertrennlich, die eine heute die Steigbügelhalterin der anderen. Dass sie bisweilen auch schrill daherkommen können, tut ihrer Popularität nicht im Geringsten Abbruch. Kein Extrem wird hier ausgelassen, egal, ob es um Körperschmuck, Haartracht, skurrile Hobbys oder das Zusammenleben mit Alligatoren geht. Hauptsache, man fällt auf. In dieser Siegerpose des unverwechselbaren Individualisten, der sein Potenzial voll ausschöpft und sein Leben nach eigenem Dafürhalten inszeniert, sehen wir uns heute gerne.

Wir sehen uns überhaupt äußerst gerne und beschäftigen uns am liebsten mit »Postings« in der ornamentalen Bilderkultur von *Facebook* und anderen Social Media Plattformen. Jeder sein eigenes Kunstwerk, eine Selbstinstallation »*in progress*«, denn Selbstbespiegelung wärmt und tut gut. In einer Zeit, in der das Bekenntnis zum Egoismus als ehrliches Outing unserer angeblichen Natur schicke Partygängigkeit verspricht, gehört es als Grundhaltung einfach dazu. Ein wenig infantil mutet diese Selbstverliebtheit in die eigene Größe allerdings schon an, bisweilen sogar etwas verzweifelt. Nämlich dort, wo das Bedürfnis nach Originalität bizarre Formen anzunehmen droht, indem man als Bilderstürmer der letzten Tabus unterwegs ist, um damit die ersehnte Aufmerksamkeit zu gewinnen. Das Bedürfnis, in dieser so beängstigend freien Gesellschaft, die gleichzeitig immer engere Kontrollmechanismen als Gegenbalance einzuziehen versucht, seine Originalität zu begründen und etwas Besonderes zu sein, um endlich einen festen Punkt zu finden, ist enorm.

Gesehen werden ist alles! Man nennt diese Störung Narzissmus. Dabei wird das Ego in der Sucht nach Anerkennung als Nabel der Welt erlebt und inszeniert. In der heutigen Elterngeneration kommt sie bereits dreimal so häufig vor wie in der vergangenen. In der schlimmsten Ausprägung erlebt ein Narzisst sein Gegenüber nur mehr als Erfüllungsgehilfen und als Material für die eigene Selbstbestätigung, denn zu echter Hingabe und Liebe ist er nicht mehr fähig. So treten wir dann unseren Kindern gegenüber.

Kind ja oder nein?

▶ Bernadette ist eine attraktive, schlanke Frau knapp vor ihrem vierzigsten Geburtstag. Auch drei Wochen vor dem errechneten Geburtstermin ist die Wölbung ihres Bauches überblickbar. Sie vertraut auf Disziplin und Planung, wie sie mir sofort verrät. Ein Sichgehenlassen ist da nicht drin, und ihre forsche Art lässt vermuten, dass sie ihre Haltung zum Thema Kind mit zahlreichen Studien und ausgewählter Ratgeberliteratur untermauern könnte. Aber ich nehme ihre Selbstbeschreibung ohne Nachfrage hin. Immerhin soll es hier ja um ein anderes Thema gehen – ihr Kind. Dass dies als Besitzanzeige zu werten ist, präsentiert sie als unhinterfragbar und unterstreicht es, indem sie ihre Hände auf ihrem Bauch verschränkt. Deshalb ist sie auch hier, denn Markus, der in allen zukünftigen Gerichtsprozessen als sogenannter Kindesvater bezeichnet werden wird, ist da anderer Meinung.

Dabei hat sie alles sorgfältig überlegt und geplant. Sogar das Timing ist perfekt. Ein Karriereplateau ist erklommen, die zukünftige Vereinbarkeit von Beruf und Familie durchdacht und durch einen familienfreundlichen Arbeitgeber mit Betriebskindergarten zumindest aus heutiger Sicht relativ bequem realisierbar. Auch pädagogisch ist Bernadette gut vorbereitet. Klare Vorstellungen zu Förderung, Potenzialerschließung und Erziehungsgrundsätzen fügen sich bereits zu einem Konzept. Das Problem ist Markus, denn der hat für die Rolle als Vater seine eigenen Vorstellungen. Dabei stand Bernadette ihm ursprünglich gar nicht so ablehnend gegenüber, wie es jetzt im Zuge der Meinungsverschiedenheiten der Fall ist. Markus hätte einfach den für ihn vorgesehenen Platz im Hintergrund einnehmen und definierte »Qualitätszeit« mit seinem Sohn zubringen sollen.

Dass ein Zusammenziehen für sie nicht erstrebenswert war, hatte Bernadette schon in den ersten Wochen der Schwangerschaft geklärt. Langfristig gab sie dem traditionellen Konzept von Familie sowieso keine Chance. Schließlich hatte es seinen Grund, dass sie es sich seit Jahren gemütlich in ihrem Singledasein und dank ihrer beruflichen Position auch wirtschaftlich gut abgefedert in einem sehr selbstbestimmten Leben eingerichtet hatte. Warum sich jetzt also mit einem anderen erwachsenen Menschen abstimmen, ihn permanent um sich haben, das Terrain teilen? Da sprach einfach zu wenig dafür. Viel besser und freier war es doch, sich jeweils zu verabreden, statt sich mühevoll wieder Freiraum erkämpfen zu müssen. Und ein Kind machte es ja nicht unbedingt leichter, die eigenen Interessen mit denen des anderen abzustimmen. Im Gegenteil! Wenn sich Bernadette bei ihren Freundinnen mit Kindern so umsah, bestätigte sie alles in ihrem Entschluss, sich auf kein Zusammenleben einzulassen. Dabei war ihr Markus anfänglich so vernünftig vorgekommen. Doch jetzt, wo das Kind bald auf die Welt kommen sollte, hatte er augenscheinlich Angst, dass ihm die Felle davonschwimmen könnten.

Ich hoffe, es wird mir gelingen, Bernadette und Markus die Rolle ihres Kindes zu verdeutlichen...

Was das Thema »eigene Kinder in die Welt setzen« anlangt, hat sich der Zeitgeist stark gewandelt. Für meine Generation war das noch ein logischer, weiterer Entwicklungsschritt in der eigenen Biografie, der keiner gesonderten Diskussion bedurfte. Vorausgesetzt, man hatte ein gewisses Alter erreicht und im Idealfall sowohl eine abgeschlossene Ausbildung in der Tasche, als auch einen Ehering am Finger. Heute sieht das ganz anders aus, denn das mit dem »Kinderkriegen« ist eine ziemlich schwierige Angelegenheit geworden. Jede Menge verborgener Risiken scheinen da auf einen zu warten, sodass man fast schon über ein Löwenherz verfügen und ein Abenteurer sein muss, um sich auf dieses Wagnis einzulassen. Auf jeden Fall hat es seine Naturgesetzmäßigkeit verloren. Wir bekommen nicht mehr einfach so Kinder, bloß weil wir erwachsen sind. Es ist schließlich ja gar nicht mehr erstrebenswert, dem Status des ewigen Jugendlichen zu entwachsen. Wir bekommen auch keine Kinder mehr, bloß weil wir uns verlieben und einen Mann oder eine Frau zu unserem Lebenspartner machen. Für eine Elternschaft und damit Lebensphasenmarkierung ist das viel zu unsicher, denn heute gibt es höchstens noch »Lebensabschnittspartner« und rastlose Selbstoptimierung. Und einfach so Kinder zu kriegen, aus einem inneren Wissen heraus, trauen sich die meisten von uns auch nicht. Oft vertrauen Menschen in der entsprechenden Lebensphase nicht mehr auf das, was ihre Intuition ihnen sagt. Der richtige Zeitpunkt, abhängig von persönlicher Entwicklung, Lebensphase, Rahmenbedingungen und der grundsätzlichen Fähigkeit, langfristige Beziehungen einzugehen und Verantwortung zu übernehmen, ist schwer zu finden. Manche sind auch der Überzeugung, sie würden den für sie richtigen Zeitpunkt sehr wohl spüren – nur scheint der eben nie zu kommen. Irgendeine Komponente passt nie!

Nur um eines klarzustellen: Es geht hier nicht um einen verantwortungslosen Umgang mit Fruchtbarkeit, bei dem Kinder vielleicht in bitterste Armut hineingeschleudert werden. Es geht hier um ein grundsätzliches Vertrauen in sich selbst und in die Welt und das scheint uns abhandengekommen zu sein. Der Verlust von Vertrauen in uns selbst und in die uns umgebende Welt ist die Schattenseite einer narzisstischen Gesellschaft. Und sie zieht einen Rattenschwanz von Kontrolle und Überreglementierung nach sich, denn Narzissten sind ihrem Wesen nach ängstlich und süchtig nach Bestätigung. Beim Thema Kinderkriegen zeigt sich dies für viele moderne Menschen in besonders überfordernder, ja sogar Angst erregender Form.

Zuerst muss also die Kardinalentscheidung getroffen werden: Kind ja oder nein? Sicherheit sollen rationale Überlegungen liefern. Um Kinder zu kriegen, braucht es heute also gute Gründe! In allererster Linie für uns selbst. Wenn wir als reflektierte Vertreter der postmodernen Technologiegesellschaft durchgehen wollen und uns für Kinder entscheiden, muss sich das in erster Linie auf unser Selbst beziehen. Es ist kein Reifeschritt mehr, also nicht mehr das Gefühl, im Entwicklungszyklus der eigenen Menschwerdung fähig zu werden, Verantwortung für die nächste Generation zu übernehmen. Oh nein – es muss in unseren Plan von Selbstverwirklichung passen. Es ist damit begründungsbedürftig und rechtfertigungspflichtig.

»Hast du dir das gut überlegt? Hat die Partnerschaft mittelfristig wirklich Aussicht auf Bestand? Bedeutet ein Kind vielleicht gerade jetzt ein Karrierehindernis? Was tust du, wenn sich herausstellt, dass der andere überfordert ist oder dass du selbst überfordert bist? Willst du wirklich so lange Zeit für einen anderen Menschen da sein müssen? Was gibt dir das überhaupt, ein Kind zu bekommen? Was hast du davon? Willst du deine Ressourcen nicht lieber für dich selbst verwenden? Was tust du, wenn du herausfindest, dass du gar nicht scharf drauf bist, ein Kind zu haben? Hast du schon genug erlebt, bist du schon genug gereist, hast du schon genug Raum und Zeit für dich selbst gehabt, um diese Einschränkung wirklich auf dich zu nehmen?«

Ganz schön viel, was man da im strengen Verhör der Selbstoptimierung des eigenen Lebensentwurfs als Kriterienbaum alles durchdeklinieren muss, um sichergehen zu können, dass man mit dem Kinderwunsch die richtige Entscheidung getroffen hat. Das ist heute aber wichtig, denn als Mutter/Vater ist man in dieser postmodernen Konsumgesellschaft, die sich als alles andere als kinderfreundlich entpuppt, ziemlich allein. »Deine Wahl, dein Deal!«, lautet die Devise. Wer sich beschwert, bekommt höchstens ein mitleidiges Lächeln. Das hätte man sich halt früher (und besser) überlegen sollen. Statt Solidarität zu erfahren, beherrscht ein Klima der Beurteilung die gesellschaftliche Landschaft. Vielerorts rühmt man sich sogar, »kinderfreie Zonen« eingerichtet zu haben, wie in manchen Hotels. Das Kind ist heute ein Objekt, das man sich aus gewissen persönlichen Motiven angeschafft hat und das es dementsprechend gilt, im Idealfall zum eigenen Ruhm zu optimieren. Wer das schafft, der punktet, ähnlich wie der Besitzer einer teuren Luxuskarosse.

Im nächsten Schritt liefern sich jene, die sich entscheiden, etwas zur mageren Geburtenrate beizutragen, der Natur aus. Denn wird es einfach so klappen? Und welches Kind wird man bekommen? Für den kontrollverwöhnten Durchschnittsmenschen ist das eine große Herausforderung, denn bisweilen muss er gekränkt feststellen, dass sich eine Schwangerschaft nicht einfach so auf Knopfdruck produzieren lässt. Darum haben wir die moderne Fortpflanzungsmedizin auch heftig dazu angespornt, Einblick in die tiefsten Geheimnisse der Natur erlangen zu wollen, um sie dann zu manipulieren.

Vordergründig dürfen wir auch hier wirklich stolz auf das Erreichte sein. Unser Ego darf sich auf die Schulter klopfen, auch wenn die ethischen Probleme, die im Fahrwasser lauern, uns mit der Brutalität des gesellschaftlich akzeptierten Narzissmus konfrontieren. Gemacht wird, was geht, und wenn nicht hier, dann anderswo! Über die Konsequenzen und Kontrollrichtlinien müssen sich die überforderten Ethikkommissionen und juristischen Senate den Kopf zerbrechen. Als Gesellschaft ziehen wir es vor, uns als Zauberlehrlinge ganz naiv darüber zu freuen, wie wir scheinbar »Leben erschaffen können«, wenn wir wieder einmal in einer Hochglanzillustrierten lesen können, was heute alles möglich ist. Machbarkeit ist dabei das Zauberwort. Wir können heute beinahe alles, wie wir meinen: von Insemination und In-vitro-Fertilisation spannt sich der Bogen über gekaufte Eizellen und im Katalog bestellbare Samenspenden bis zu Leihmutterschaft und Pränataldiagnostik, um verwertbare Embryonen von unwerten zu unterscheiden. Streng genommen gingen auch Klonen und das Anlegen eines genetischen Ersatzteillagers für Notfälle. Hinter dem Triumphzug des technologischen Fortschritts öffnet ein Horrorkabinett seine Pforten.

Gott sei Dank ist es hier nicht unser Thema, zu überlegen, wie wir zu dem Fall eines australischen Ehepaars stehen, das über Leihmutterschaft ein Kind bestellte und Zwillinge geliefert bekam, von denen einer allerdings eine Trisomie 21 aufwies, worauf das Ehepaar entschlossen das gesunde Kind einpackte und das kranke bei der Leihmutter beließ.

Uns interessieren hier nur die Auswirkungen, die das Karussell der Fortpflanzungstechnologie auf das Thema Elternschaft und unsere Kinder zu entfalten vermag. Eines steht auf jeden Fall fest und wird im Ethikdialog der Reproduktionsmediziner und in ärztlichen Fachzeitschriften bereits laut diskutiert: Kinder werden immer mehr zu einem Produkt, zu einem Objekt, im schlimmsten Fall zu einer Ware in einem Dienstleistungsbetrieb. Dass damit in einem neuen Industriezweig mit hohen Zuwachsraten wie von selbst Begriffe wie Preis, Qualität und Wert auftauchen, sei nur nebenbei erwähnt.

Wir überspringen jetzt die nächsten neun Monate unseres Kindes, auch wenn sie von engmaschiger Belauerung, Kontrolle, Vermessung und Entwicklungscharts bestimmt wird, die uns sagen, ob unser Kind in einer Poleposition ist oder wir uns Sorgen machen müssen. Wir wollen hier auch die Pränatalforschung beiseite lassen, die zukünftige junge Mütter heute schon während der Schwangerschaft unter Verhaltensdruck setzt, noch bevor sie ihr Kind das erste Mal gesehen haben.

Wie einfach hatte ich es da noch. Ich folgte simpel meinem Instinkt, meinem Gefühl, meinem eigenen Befinden und Bedürfnis und dem, was ich als Resonanz in meinem Bauch spürte, ganz ohne schlechtes Gewissen, dass ich mich nicht ausreichend informiert hätte. Ich konnte einfach alles noch voller Vertrauen auf mich zukommen lassen.

Welches Bild wir uns von Kindheit gezimmert haben und vom Aufruhr in den Erziehungsgrundsätzen

Dann ist der neue Erdenbürger endlich da. Vorausgegangen ist dem noch ein langes Abwägen, ob ein sicherer Plankaiserschnitt einer sogenannten natürlichen Geburt vorzuziehen ist. Das hat Seelenkrisen verursacht, denn Argumente dafür und dagegen gibt es zuhauf – schließlich ist das beinahe eine ideologische Entscheidung. Aber jetzt ist das Kind da und auch die ersten Fotos des nuckelnden Schatzes an der Mutterbrust sind via *Facebook* und sämtlicher anderer verfügbarer Social Networks durchs Internet gejagt worden. Zum Verschnaufen bleibt jetzt keine Zeit mehr. Denn jetzt geht's richtig los mit dem Projekt »Mein Kind«.

Wer da erst einmal ruhig ankommen und sein Kind einfach so vor sich hinwachsen lassen will, ohne es bereits im Wochenbett fürs Babyschwimmen anzumelden, gilt fast schon als Ignorant. Auf jeden Fall gefährdet er die Entwicklung seines Kindes, denn das Zeitfenster zum Aquamenschen und einer möglichen zukünftigen Karriere als Spitzensportler dieses Elements schließt sich rasch. Auch die Namensfindung ist von immenser Wichtigkeit. Der Name muss originell und gut abzukürzen sein und einen individuellen Touch aufweisen. Ein Name, der sich von einem Inuit-Stamm oder von amerikanischen Waldlandindianern ableitet, beweist immerhin, dass die Eltern es sich nicht leicht gemacht haben. Und falls einem im schlimmsten Fall nichts Besseres einfällt, kann man ja trotzige Rebellion in pseudokonformistischem Konservativismus beweisen und sein Kind »Anna« oder »Max« nennen. Immer noch besser, als immerzu nach René oder Jennifer zu rufen.

Spätestens zu diesem Zeitpunkt hat sich bereits die gesamte Umgebung mit gutem Rat und tiefsinniger Meinung zu Wort gemeldet. Damit wird auch noch den letzten der frischgebackenen Eltern klar, dass es jetzt gilt, jegliche Unbefangenheit ganz rasch abzustreifen und alles daranzusetzen, in der Gesellschaft als perfekte Eltern zu reüssieren. Ein ganzer Katalog von Regieanweisungen und eigenwilligen Zielbildern einer Rollengestaltung gibt dabei vor, wie Elternschaft angelegt werden muss.

Jetzt, werte Leserin und werter Leser, müssen wir uns dem zuwenden, was wir zum Thema Erziehung normalerweise nicht hinterfragen, weil es uns selbstverständlich erscheint. Die eigentliche logische Quelle dieser gefühlten Überzeugung und Richtigkeit ist uns dabei nicht bekannt, obwohl wir fest daran glauben. Es ist eben einfach so! Man weiß das! Man macht das so! Wir fühlen uns dabei so sicher wie Lemminge, weil es doch alle so machen, alle es nachbeten, alle behaupten, so wäre es richtig. Auch wenn im Kinderzimmer bereits die Alarmglocken schrillen, weil dabei wesentliche soziobiologische Grundbedürfnisse des Kindes übersehen werden.

Im Thema der Erziehung unserer Kinder könnte es allerdings ein fataler Fall eines Irrtums werden, sieht man sich die Grundkomposition »erfolgreicher Erziehungsweisheiten«, gepinselt aus den Farben unserer frischentwickelten Wertepalette an. Werfen wir einen genaueren Blick darauf.

Zuallererst soll die Eltern-Kind-Beziehung von einer lockeren Leichtigkeit geprägt sein. Alles Steife oder Verhaltene gerät sofort in den Verdacht, sich an alten autoritären Mustern zu orientieren und damit grob entwicklungsstörend zu sein. Darum müssen heute auch Eltern, die schon über vierzig sind, trotz Wirbelsäulenbeschwerden mit ihren Kindern in Hüpfburgen um die Wette toben, um so zu demonstrieren, dass ihre Suche nach dem eigenen inneren Kind erfolgreich war. Darüber hinaus ist damit auch gleich die Frage geklärt, ob man seinem Kind auf Augenhöhe begegnet. Des Weiteren geht es natürlich auch um die Freiheit und im Speziellen um die Freiheit der persönlichen Entfaltung. Die rangiert in der modernen Erziehung dem Zeitgeist entsprechend natürlich ganz oben.

Damit wäre das ideale Betriebsklima im Unternehmen »Familie des 21. Jahrhunderts« grundsätzlich schon einmal festgelegt. Locker, ja wie ein Kinderspiel soll alles anmuten. Es wird erwartet, dass man es als in Vollzeit berufstätige Supermami samstags zwischen 14 und 17 Uhr schafft, ganz entspannt eine an Originalität – was sowohl Ort als auch Inhalt anlangt – nicht zu überbietende Kindergeburtstagsparty auszurichten. Außerdem werden Kinder heute Gott sei Dank ja nicht mehr erzogen, denn das klingt nach Rohrstock und Einschränkung, sondern in ihrer Entfaltung begleitet. Das bedeutet, dass es sich gehört, sein Kind mit maximaler Sorgfalt zu belauern, wo sich der Ansatz eines Talents zeigen könnte, um sich ja keines zeitgerechten Förderversäumnisses schuldig zu machen. Studien gibt es zuhauf, die uns spezifische Entwicklungsfenster wie auf einem Entwicklungsadventkalender vor die Nase hängen und behutsame Sorgfalt in der Entwicklungsförderung einfordern. Damit soll sich das Kind dann angeblich frei aus der eigenen Matrix heraus gestalten können.

Ansonsten sollen Kinder diesem neuen biopsychologischen Romantizismus von Kindheit nach so frei wie möglich alles ausprobieren, was ihnen in den Sinn kommt, weil auch das ihre Entwicklung und ihren Individualismus fördern soll. Grenzsetzungen, an die man in früheren Generationen noch glaubte, würden diesen fundamentalen Prozess der Selbstentdeckung der eigenen Größe demgegenüber rüde und nachhaltig behindern. Zumindest glaubt man, das befürchten zu müssen, wenn man sein Kind mit einem »Nein« konfrontiert. Den konservativeren, skeptischen Naturen wird dabei versichert, dass man sich auf die Selbstregulation des Kindes verlassen könne. Auch dafür gibt es Studien und hochinteressante anthropologische Forschungen, die zeigen, dass kleine Kinder von einem Abgrund immer wegkriechen.

Eigentlich passt dieses aus gefälligen Bruchstücken von Psychologie, Biologie, Sozialanthropologie und Romantizismus zusammen gezimmerte Bild vollkommen punktgenau in unser derzeitiges gesellschaftliches Selbstkonzept, ja, es ist die logische Fortsetzung unserer Selbstverliebtheit. Dieser Ansatz eines Erziehungsmodells, pardon, Begleitungsmodells unserer Kinder suggeriert ja doch ganz eindeutig, dass wir hier in Gestalt unseres Kindes nicht nur ein Geschenk vor uns haben, wie uns auf vielen Glückwunschkarten zur Geburt unseres Kindes gemeinsam mit anderen schlauen Kalendersprüchen verdeutlicht wird. Auch ist unser Kind nicht nur ein ganz spezieller, einzigartiger, unverwechselbarer Mensch. Was sehr viel mehr in den Vordergrund rückt, ist, dass dieses Menschenkind zur Höchstform gefördert zu unserem Werkstück wird und hoffentlich ein Beweis unserer elterlichen Tüchtigkeit. Diese Haltung zeigt sich schon in der Sandkastenzeit, wo die Entwicklungsfortschritte des eigenen Kindes ständig mit denen Gleichaltriger verglichen werden. Wer mit achtzehn Monaten noch immer im Sand herumstochert und bunte Formen nicht vollfüllen mag, landet bei der Entwicklungskontrolle leicht in der Kinderambulanz. Sollte die Kleinkindzeit trotz ständigem Messen und Vergleichen der Entwicklungsfortschritte noch unbeschadet überstanden worden sein, so ist der Kindergarten zumeist die Einstiegsbühne, auf der sich erste soziale Auffälligkeiten zeigen. Eltern geraten dann leicht in die Falle, das beständige »im Zentrum stehen müssen« ihres Kindes oder sonstige Spleens als Zeichen seiner Individualität wie Löwen zu verteidigen, selbst wenn sich erste eigene Zweifel, auf dem richtigen Weg zu sein, in ihr Herz schleichen sollten. Doch gesellschaftliche Überzeugungen sind starke Antreiber, denen man oft mehr vertraut als dem eigenen Gefühl, und so wird als Reaktion noch mehr gefördert und noch mehr Freiheit eingeräumt. Man reagiert lieber beleidigt und wechselt den Kindergarten oder etwas später die Volksschule, als unvoreingenommen auf die tatsächliche Botschaft des »auffälligen« Kindes hinzuhören.

Dieses Erziehungsmodell der narzisstischen Gesellschaft ist ein schillerndes, wenn auch im Kern infantiles und wehleidiges. Voller Doppelbödigkeiten geht es dabei ständig auf die Suche nach Schuldigen, um sich von der eigenen Verantwortung zu befreien. Deshalb hat dieses Konzept auch gleich eine Handvoll gängiger Erziehungslügen, Halbwahrheiten und eleganter

Sprüche hervorgebracht, die in unseren Ohren allesamt gut, ja oft sogar orakelhaft weise klingen und für jede Gelegenheit die richtige Ausrede liefern, obwohl mit ein bisschen Hausverstand rasch klar wird, dass ein Modell, das die tatsächlichen Bedürfnisse von Kindern nicht ernst nimmt, einfach nicht alltagstauglich ist. Aber Hausverstand scheint zur Mangelware zu werden und ernst nimmt diese Gesellschaft ihre Kinder ganz sicher nicht!

Daher lautet, wie schon erwähnt, eine sehr beliebte Weisheit: »Man braucht nur auf die Selbstregulation von Kindern zu vertrauen, denn sie spüren instinktiv, was gut für sie ist.« Das hat auch den Vorteil, die Verantwortung an das Kind zurück delegieren zu können und erspart einem als Elternteil unattraktive Erziehungskämpfe, etwa rund um Bettgehzeiten, regelmäßige Mahlzeiten oder einzuhaltende Internetzeiten. Ein imaginatives inneres Steuerungssystem im Kind soll angeblich diese disziplinären Aufgaben bereitwillig übernehmen können, was dazu führt, dass eine nicht unbedeutende Anzahl von Volksschulkindern bis Mitternacht vor Fernsehbildschirmen anzutreffen ist.

Ein weiteres Paradigma ist der berühmte Satz: »Dass sich mein Kind immer geliebt fühlt, ist mir das Allerwichtigste.«

Auf den ersten Blick geht es hier um die größtmögliche Innigkeit der Eltern-Kind-Beziehung. Seine wahre Betonung gibt der Satz erst auf den zweiten Blick, dem auf die gelebte Betriebsmechanik, preis: »Es ist *mir* das Allerwichtigste, dass sich mein Kind geliebt fühlt, denn dann ist mein Kind mit *mir* zufrieden und gibt *mir* Anerkennung und Bestätigung.« Manche Eltern gieren derart danach und bedürfen dieser Anerkennung und Bestätigung so sehr, dass sie nahezu jede Vertrotteltheit ihrer Kinder, und sei es Komasaufen, lieber mit amikalem Schulterschluss decken, als sich dagegen zu positionieren.

»Es braucht ein ganzes Dorf, um ein Kind aufzuziehen«, klingt genauso harmlos und hat den angenehmen Nebeneffekt, dass es all jene von Gewissensbissen befreit, die ihre Kinder lieber ganze Wochenenden lang von einer Übernachtungsparty zur nächsten tingeln lassen, als sich selbst mit ihnen zu beschäftigen. Schließlich gibt es bei uns noch nicht wie in Schweden eine reguläre institutionalisierte Wochenendbetreuung für Kinder. Oder sollte man hier lieber von einer Wochenendbetreuung für Eltern sprechen, die ein ganzes Wochenende lang geregeltes Familienleben einfach als zu lang und überfordernd empfinden?

»Kinder sollen alles, was ihr Leben betrifft, mitentscheiden!«, hört sich im Gegensatz dazu wirklich entwicklungsfördernd an. Fügt man diesem Imperativ jedoch nicht das böse Wort »altersadäquat« hinzu, wird der Satz rasch zu einer Tretmine für kindliche Überforderung. Denn wer wählt, ist selbst schuld. So wie zum Beispiel jener Sechsjährige in meiner Praxis, dessen Sonnenbrand der Ansicht seiner Mutter nach selbst verschuldet war. Schließlich hatte sie ihn ja darauf hingewiesen, wie wichtig Sonnencreme sei. Es war seine Entscheidung gewesen, sie trotzdem nicht zu verwenden.

»Je früher ein Kind selbstständig wird, umso besser ist es gerüstet!« Das passt hier gleich nahtlos dazu, denn das selbstständige Kind hat grundsätzlich auch die Entscheidungshoheit und Eltern können sich reinen Gewissens – solange alles passt mit Stolz und wenn etwas danebengeht mit dem Bedauern dessen, der eben nicht mehr zuständig ist – zurückziehen, um sich mit ihrem eigenen Leben zu beschäftigen.

Der Topseller ist allerdings das bei jedem Elterntreff gebetsmühlenartig wiederholte Bekenntnis: »Egal, welchen Entwicklungsweg mein Kind einschlagen will, ich stehe hinter ihm!« Dieser Satz ist der Dreh- und Angelpunkt der gesamten Erziehungslüge, an dem sich das gesamte Übel der Doppelbödigkeit manifestiert. Denn unser ganzes Getue um Freiheit, Individualität, Talentförderung, Selbstverwirklichung, Selbstregulation, ungehemmte Wahlfreiheit und entspanntes Gewährenlassen kindlicher Probierlaunen ist bloß aufgesetzt und bedeutet nicht im Geringsten, dass unsere Gesellschaft ehrlich dazu bereit wäre, das, was daraus entsteht, anzunehmen und wertzuschätzen. Am Ende wartet auf das Kind eine hoch kompetitive Leistungsgesellschaft, die von einem beinharten Konkurrenzdenken beherrscht wird. Unberechenbare Ergebnisse finden in ihrer engen Einrasterungsmaschinerie kaum einen Platz. Hier wird das Haben großgeschrieben und für das Sein bleiben nur ein paar wenige meditative Stunden übrig. Am Ende, das wünschen die allermeisten Eltern, auch wenn sie es verleugnen, heimlich für ihre Kinder, sollen »Anna« und »Max« einen Platz ganz oben in dieser Leistungsgesellschaft einnehmen können und möglichst viel verdienen, denn unsere wahre Religion ist der Materialismus!

Eltern spüren diesen Widerspruch und für das Gros von ihnen bedeutet das, dass sie ihren Kindern widersprüchliche Erziehungsbotschaften vermitteln und über Hintertürchen das hineinzumogeln versuchen, was ihr Kind ihrer Meinung nach in eine Poleposition bringen wird. Bildung, auch wenn sie heute zur Ausbildung mutiert ist, ist dafür noch immer ein Schlüsselbegriff, und die angepeilten Benchmarks sind so hoch wie nie zuvor. Den »besten« Kindergarten hat man hoffentlich schon während der Schwangerschaft gefunden und das Kind dort bereits angemeldet, bevor noch die Tinte auf der Geburtsurkunde getrocknet war. Es wurden auch noch nie so viele Jugendliche von ihren Eltern mit solch erbitterter Verzweiflung zur Matura gepusht wie heute. Für die Kinder bedeutet es ein schlimmes Erwachen, wenn sie in der harten Realität ihres sozialen Bezugssystems außerhalb der Familie aufschlagen und feststellen müssen, dass all ihr spezielles Ich-Sein nicht den gewohnten Applaus erhält. Sie reagieren verwirrt, verstört, häufig ohne ausreichende Selbstregulationsfähigkeit, gänzlich orientierungslos und zunehmend niedergeschmettert und aggressiv, wenn sie im Verlauf der Jahre feststellen müssen, dass sie augenscheinlich auch ihre Eltern enttäuscht und diese sich auf die Seite ihrer Kritiker geschlagen haben.

Der Erziehungsvertrag hat sich in den letzten zweieinhalb Jahrzehnten deutlich verändert. »Willkommen, mein Kind«, heißt es in der heutigen Gesellschaft. »Du sollst dich ungehemmt und frei im wahrsten Sinne des

Wortes entfalten und entwickeln können. Tue, was immer du willst, keine Grenze soll das Potenzial, das dir mitgegeben wurde, einschränken. Wähle ganz so, wie es dir dein Gefühl sagt. Wenn deine Eltern verständnisvoll und reflektiert sind, wenn sie dich den heutigen Standards gemäß lieben, dann werden sie deine Steigbügelhalter sein. Sie werden dich fördern und dir jede neue Technologie, die dir einen Vorsprung verschafft, zur Verfügung stellen, denn damit bekommen sie auch gleichzeitig die Bestätigung, wirklich gute Eltern zu sein. Du lebst also in einer modernen Familie unserer heutigen Gesellschaft in einem um dich und deine Entwicklung kreisenden Universum. Aber bitte, mein Kind, auch wenn du nie lernen musstest, dich selbst zu beschränken oder die Befriedigung deiner Bedürfnisse aufzuschieben, auch wenn du nie eine Durststrecke durchstehen musstest, sondern einfach stattdessen immer neue Wege einschlagen durftest, nie deine Stimmungen selbst regulieren oder deine Bedürfnisse an die anderer anpassen musstest, dich dank deiner Eltern und Verwandten, die dir immer zur Seite stehen, als Star fühlen durftest, werde auf jeden Fall eine wirklich herausragende Persönlichkeit oder zumindest ein mit sich und der Welt glücklicher und leistungsstarker Mensch!«

Warum das allerdings so funktionieren soll, hat mir noch niemand wirklich erklären können, und die Erfahrung beweist das Gegenteil. Die Weigerung der Elterngeneration, ihre Kinder anzuleiten, dient in allererster Linie der erwachsenen Generation und nicht den Kindern, die dann das Rad als freie Wilde selbst neu erfinden sollen – aber das bitte erfolgreich!

Wohin die neuen Erziehungsparadigmen führen – ein Beispiel

▶ Manuela, Mutter des fünfundzwanzigjährigen Thomas, erzählt in ihrer ersten Sitzung in meiner Praxis die Erziehungsgeschichte ihres Sohnes. »Wissen Sie, ich habe meinem Sohn nie Grenzen gesetzt oder ihm strikte Regeln auferlegt, sondern alle seine Ideen unterstützt. Er war mein kleiner Prinz. Nie ein böses Wort. Er war immer das Zentrum unserer Familie. Wir haben ihn immer gelobt und gezeigt, wie großartig er ist. Sein Vater und ich sind nicht irgendwie blauäugig in unsere Elternschaft hineingeschlittert. Wir haben damals, als ich schwanger war, sehr viel darüber diskutiert, wie wir unser Kind einmal erziehen wollen, und auch massenhaft pädagogische Ratgeber gelesen. Das war fast ein Wettkampf zwischen uns. Wir wollten wirklich alles richtig machen. Horst, mein früherer Mann, hatte einen sehr autoritären Vater, der die ganze Familie unterdrückte und unter dem Horst sehr gelitten hat. In meiner Familie gab es wiederum nur Leistung, Leistung und nochmals Leistung, wenn man überhaupt wahrgenommen werden wollte. Wir waren uns damals wirklich darin einig, dass es unser Kind seelisch besser haben sollte, wir es fördern, ihm die Welt erschließen und es vor derartigen Traumen schützen wollten. Das war doch auch der Tenor von allem, was wir gelesen haben. Die freie Entfaltung ganz am Anfang ist doch die Fahrkarte in ein glückliches Leben! Wenn man da verhunzt wird, laboriert man sein ganzes Leben daran. Ich habe mit meinem Sohn gegen das Schulsystem und seine autoritäre Lehrerin gekämpft, die dauernd wollte, dass er schon in der ersten Klasse still sitzt. Dann haben wir die Schule gewechselt, weil die in der Regelschule einfach nicht fähig waren, mit seiner Individualität umzugehen. Wir haben ihn dann in eine Alternativschule geschickt, die den Kindern ihre Selbstregulation *und ihr eigenes Lerntempo zugebilligt hat. Das Schulgeld war wirklich nicht wenig.*

Wir haben ihn immer in jede Entscheidung einbezogen, Urlaube dort gemacht, wo er hinwollte, ihn nie bestraft, nie zum Grüßen gezwungen und alle seine Eigenheiten immer vor allen anderen verteidigt. Auch damals, als er nur mit Kopfhörern in der Schule sitzen und Musik hören wollte. Als mein Ex und ich uns scheiden ließen, durfte er sich mit zehn Jahren aussuchen, wie es für ihn weitergehen sollte, und da er seinen Vater, der mich betrogen hatte, nicht mehr sehen wollte, habe ich Unmengen von Geld in Anwälte investiert, um ihm den weiteren Kontakt zu ersparen.

Alle seine Versuche, aus seinen Talenten etwas zu machen, habe ich gefördert und bezahlt. Dann hat er drei Jahre lang die Maturaschule besucht und letztendlich gemeint, dass ihm das zu stressig ist. Immer war ihm alles zu viel und zu anstrengend. Ich habe immer gedacht, das würde sich einmal auswachsen. Als ich ihm dann vor etwa einem halben Jahr sagte, dass ich ihn nicht mehr weiterfinanzieren kann wie bisher und dass er endlich auf eigenen Beinen stehen muss, hat er vollkommen kalt reagiert, weil ich angeblich Druck machte. Seither hat er den Kontakt zu mir fast gänzlich abgebrochen. Ich muss ihn Dutzende Male anrufen und lande immer nur auf seiner Mailbox oder er drückt mich einfach weg. Wenn ich ihm Nachrichten hinterlasse, reagiert er überhaupt nicht. Wenn es mir wirklich einmal gelingt, ihn zu erreichen, weicht er mir aus und ist mir gegenüber völlig kalt, wie ein Fremder. Er meint dann immer, dass er jetzt einfach keine Zeit habe. ›Bis bald, ich melde mich‹, sagt er dann immer, aber er ruft nie an!«

Manuela versteht die Welt nicht mehr und schon gar nicht, wieso ihre Erziehung dafür verantwortlich sein könnte, dass ihr Sohn sich von ihr abgewendet hat.

»Irgendwie verstehe ich seine Misere schon«, sage ich. »Er hat einfach nicht leben gelernt!« Das muss er jetzt schleunigst nachholen, dieser trotzige, vom Leben schwer enttäuschte große Junge, der einfach immer alles abbricht, wenn es anstrengend zu werden droht.

Mit etwas Anlauf gelingt es schließlich doch, ihn für die nächsten Monate auf meine Therapiecouch zu lotsen – allerdings unter der Auflage, dass dies das allerletzte Investment seiner Mutter sein wird.

Manuela ist völlig verzweifelt über die Abwendung ihres Sohnes, für den sie wirklich alles in ihrer Macht stehende getan hat, damit er seine Anlagen entwickeln kann und für den sie immer wie eine Löwin gekämpft hat.

»Wie ist das möglich? Was habe ich falsch gemacht? Wie konnten wir einander so verlieren, ohne dass ich es bemerkt habe?« Das sind die Fragen, die sie nun nicht nur in bleischweren nächtlichen Stunden verfolgen. Sie und Thomas' Vater haben doch alles getan, um ihr Kind zu fördern, und wenn es eng zu werden drohte, sogar bereitwillig ihre eigenen materiellen Bedürfnisse hintan gestellt! Sie haben sich auch ganz und gar nicht blauäugig auf das Projekt »Kind« eingelassen, sondern, im Gegenteil, äußerst reflektiert und bewusst. Sie wollten es für ihr Kind wirklich richtig machen. Das war ja auch der Grund gewesen, weshalb sie sich auch entschieden hatten, nur ein einziges Kind zu bekommen. Um sich auf dieses Kind zu konzentrieren, diesem einen Kind »alles« geben zu können. All die seelischen Schmerzen, Abwertungen, Beurteilungen und den schrecklichen Leistungsdruck, welche die Kindheit von Manuela und Horst so beschädigt und die sie mühselig in Therapien aufgearbeitet hatten, sollten Thomas erspart bleiben.

Die neuen Erziehungsparadigmen von der Förderung von Individualität, Selbstbestimmung des Kindes und der Eltern-Kind-Partnerschaft anstelle von Autorität waren für Manuela und ihren Mann wie

Balsam auf den eigenen Wunden. In ihrer Vorstellung ermöglichten sie eine Kindheit, die ihrem eigenen Leben zu einer weitaus glücklicheren Gestaltung verholfen hätte. Das und nur das wünschten sie nun folgerichtig für ihr Kind!

Für die gemeinsame Zukunft hatten sie enge Verbundenheit und auch etwas Dankbarkeit erwartet. Angesichts ihres unermüdlichen Einsatzes war dies doch nicht verwegen und als eine solide Rückspiegelung dessen, dass sie es als Eltern »gut« gemacht hatten, doch ein logischer Wunsch

Erst in unserer Zusammenarbeit wird sich Manuela darüber klar, dass es ihr in bedeutendem Ausmaß um eine gute Zensur als Mutter gegangen war. Viele Situationen waren von ihrem eigenen Bestreben getragen gewesen, von ihrem Sohn Anerkennung und Liebe zu bekommen. Dabei hatte sie ihren eigentlichen Auftrag, nämlich ihrem Sohn Orientierung zu bieten und wenn nötig Grenzen zu setzen, oft nicht erfüllt, weil sie es nicht riskieren wollte, dass Thomas verärgert war und sich von ihr abwandte. Den Preis dafür bezahlte sie jetzt nach der vollkommenen Etablierung dieses Weltbilds in ihrem jungen erwachsenen Sohn mit dessen trotziger, kalter Abwendung, da dieser nie gelernt hatte, eine »rote Karte« zu akzeptieren und nun völlig überfordert reagierte.

Thomas, der seinen Prinzenstatus samt mangelndem Durchhaltevermögen, leichter Kränkbarkeit, gelernter Hilflosigkeit und der Weigerung, sich für etwas anzustrengen, auch auf seine Umwelt übertragen hat, muss nun die bittere Suppe auslöffeln. Welcome to reality. Denn die Welt hat ihm bloß ungefähr Folgendes zu sagen: »So, du bist also ein Prinz! Also, Prinzen gibt es in diesem Unternehmen schon zuhauf. Aber du kannst dir den grauen Kittel da drüben anziehen und die nächsten Jahre Erdäpfel schleppen, wenn du willst. Und übrigens, wenn du den Job behalten willst, sei pünktlich!«

Mich wundert nicht, dass er auf seine Mutter sauer ist.

Narzissten haben Hochkonjunktur in der neuen Erziehungskultur

Im Gegensatz zu den vom Zeitgeist und der gängigen Erziehungskultur verführten Eltern, die sich wie Manuela redlich bemühen, ihre Kinder zu erziehen, tun sich ausgewachsene Narzissten heute wirklich leicht, wenn es um das Thema Erziehung geht. Besonders solche, die sich an der Grenze zur narzisstischen Persönlichkeitsstörung bewegen, denn sie liegen voll im Trend. Mit lockerem Hüftschwung bewegen sie sich kameragängig durch bedauernswerte Kinderzimmer, in denen es in Wirklichkeit nicht um die dort lebenden Kinder, sondern allein um das Ego ihrer Eltern geht. Erschreckend ist dabei nur, dass sie vielfach als Vorbilder gelten.

▶ *Albert ist erfolgreich, sogar sehr. Das war er irgendwie schon immer, eine auffällige Persönlichkeit, die schon in Jugendjahren Pokale sammelte und Höchstmarken sprengte. Irgendeinen Achttausender hat er schon während seines Studiums bestiegen, bei Fahrradrennen reihenweise Medaillen abgeräumt und sogar an der Tour de France teilgenommen, wobei er einen beachtlichen Platz erreicht hat. Egal, wo er auftauchte, man konnte sicher sein, dass sich bald die ganze Aufmerksamkeit auf ihn richtete. Solche Menschen gibt es, charismatisch, schillernd, hochkommunikativ, charmant. Sie wirken sofort verbindlich und bleiben dabei doch immer unverbindlich. Das merkt man allerdings erst später, dann wenn man als ein Gegenüber in ein energetisches Vakuum versetzt worden ist und die emotionale Auszehrung spürt. Und sie werden ständig mehr, denn diese Showmaster sind heute die Leitbilder einer erfolgreichen Lebensgestaltung – immer laut, großzügig wirkend und dabei beinhart und eiskalt.*

Heute ist Albert knapp über sechzig und blickt mich strahlend an, auch wenn das dem Anlass überhaupt nicht entspricht. Sein Gesicht ist so faltenlos, wie es nur ein plastischer Chirurg zu zimmern versteht. Aber ich weiß, worauf ich schauen muss, die sechzig müssen ja nicht unbedingt im Gesicht geschrieben stehen. Meine Miene ist ernst, uneinnehmbar ernst sogar, was ihn, den Siegessicheren, verwirrt. Er versucht sogar, mit mir zu flirten, was bei ihm sicher eine Haltung reiner Gewohnheit ist. Trotzdem schmeichelt es, sich wieder einmal als jüngere Frau fühlen zu dürfen. Aber auch dem gebe ich nicht nach. Er sieht ausnehmend gut aus. Der federnde Gang eines Gewinners und seine Geschmeidigkeit, die ihm sicher ein Personal Trainer angelernt hat, stehen ihm und er ist sicher eine Sünde wert, allerdings bestimmt nur eine, denn jeder nähere Kontakt wäre unmittelbar vernichtend, wie seine diversen Exfrauen gleichlautend referieren können. Von einer von ihnen und von seiner Visitenkarte weiß ich, dass er ein großes Industrieunternehmen leitet. Aber das ist mir auch aus Hochglanzzeitschriften, denen er gerne Interviews gibt, bekannt. Erfolgreichster Unternehmer des Jahres war er natürlich auch schon, neben verschiedenen anderen Auszeichnungen, die mir entfallen sind. Allein die Prämierung zum familienfreundlichsten Unternehmen ist mir von diesem durchgereiften Gesellschaftsspiel der Prämierungen noch im Gedächtnis geblieben.

In dieser Rolle als großer »Paterfamilias«, einer Art romantischer Urunternehmer aus der grauen Vorzeit der industriellen Revolution, sieht er sich sicher gerne; einer, der am Sonntag an einer hundert Meter langen Tafel mit der ganzen Belegschaft sitzt und Hof hält. Er gibt auch gerne ganz private Interviews und verrät darin das Lebensrezept eines erfolgreichen Mannes und Familienvaters. Dabei lässt er sich bevorzugt mit dem großen Patchwork seiner »seriellen Monogamie«, einer Art Haremskonstruktion mit Längsschnittcharakter, also mit all seinen über die Jahre angesammelten offiziellen Frauen und Kindern, ablich-

ten. Auf diesen Fotos ist Albert meist im amikalen Schulterschluss mit seinem fast vierzigjährigen unverheirateten Sohn und dessen jüngerem Bruder – dem erklärten Lieblingssohn von Albert, in dem er sich offensichtlich wiederfindet – zu sehen. Beide stammen aus seiner ersten Verbindung, einer Studentenehe mit Claudia, die sich neben ihm, dem ewigen Jugendlichen, heute wie seine Mutter ausnimmt.

Dann kommen Silvia, die Frau, mit der er, der ewig rastlos Gestaltende, am längsten so etwas wie eine Familie gelebt hat, und drei großäugige Töchter im Alter zwischen siebzehn und vierundzwanzig Jahren. Sie haben auf jedem Foto den Blick auf den Papa geheftet und bewegen sich bis auf die jüngste Schwester, ein richtiges Pummelchen, gemeinsam mit ihrer heftig gegen das Alter ankämpfenden Mutter knapp an der Grenze zur gestylten Anorexie. Silvia hat ihre Ehe als einen Dschungel an Demütigungen erlebt, wie sie mir im Vorgespräch eröffnet hat. Sie hat sich lange auf die Förderung der Kinder und die eigene optische Selbstoptimierung konzentriert, um sich von Alberts permanenten Seitensprüngen und grausamen Abwertungen abzulenken. Darum wirkt sie hinter der lächelnden Fassade wohl auch etwas angespannt. Dies is mehr als nachvollziehbar, denn auch Sabine und Eva, die eine mit einem Sohn, die andere mit einer Tochter im Alter von Silvias drei Kindern, gehören zum Patchwork dazu. Damit wird auch gleich klargestellt, dass sämtliche Beteiligte keine miefigen kleinen Spießer sind.

Es handelt sich hier um das große Familienporträt eines Mannes, der alle glauben machen will, dass Familienleben und Kindererziehung ein Kinderspiel sind und alle mit ihm als gemeinsames Verbindungsglied in größter Harmonie zueinanderstehen, Ehefrauen, Geliebte und alle seinen Lenden entsprungenen Kinder.

Als aktuelle Herzdame beherrscht Fiona, die vom Alter her viel besser zu Alberts erstem oder zweitem Sohn passen würde, das Terrain. Die beiden jüngsten Sprösslinge, die neunjährige Elizabeth mit »z« und der knapp sechsjährige Max, sorgen dafür, dass bei Familienfeiern und Presseterminen ja keine Steifheit aufkommt. Papa kann dann jovial seine Vitalität demonstrieren, wenn er sich in einem Anflug von Übermut zum Entzücken der Fotografen den kleinen Sohn rasch einmal auf die Schultern setzt und ein paar Bocksprünge macht.

Es steht in Alberts Familienclan also alles zum Besten. Alle sind fein herausgeputzt und – zumindest für diesen einen Anlass – willfährig vereint. Oder, wie ich von Silvia weiß, bestochen, erpresst oder auf die eine oder andere Weise gekauft. Geld macht gefügig und scheinbar kann man sich alles kaufen, zumindest in Alberts Welt, und damit zum Besten wenden.

Die ganze Idylle wirkt auf mich wie eine geschickte Präsentation auf einer Hundeausstellung, die die Preisrichter über Fehlstellungen der Gelenke und Zahnfehler hinwegtäuschen soll. Die verschiedenen Frauen geben sich als beste Freundinnen oder maximal etwas verhalten, loben den Familienzusammenhalt und natürlich Albert und werden nicht müde zu beteuern, dass die Kinder einander alle als enge Geschwister und zusammengehörigen Verband erleben, auch wenn sich die Gemeinsamkeit auf medial inszenierte Ereignisse und von Albert veranstaltete Feste beschränkt.

Trotzdem sitzt er mir heute gegenüber und es ist ihm anzusehen, dass er nicht gerne in diesem Raum ist. Auch wenn es Silvias ultimativer Ankündigung, sie und die Mädchen würden in Zukunft »die Familie« verweigern und auch sonst einigen Radau machen, bedurft hatte, um ihn hierher zu zitieren, werden wir doch gleich ein sehr offenes Gespräch führen. Der Anlass rechtfertigt es und unter der Patchworkdecke der Familie brodelt der Morast.

Silvia hat mir gesteckt, dass Alberts ältester Sohn noch nie eine Beziehung eingehen konnte und seine symbiotische Verquickung zu seiner Mutter mit einem so massiven Waschzwang zu lösen versucht, dass es ihm nicht möglich ist, einer geregelten beruflichen Tätigkeit nachzugehen. Darum versteckt er auch auf jedem Foto die gemarterten wunden Hände so lässig in den Hosentaschen. Vom 24-jährigen Sohn einer der »Nebenfrauen« weiß sie, dass dieser ziemlich viel raucht, womit natürlich keine Zigaretten gemeint sind. Er vergammelt sein Leben antriebslos in irgendeiner Wohngemeinschaft, auch wenn er in den Hochglanzzeitschriften immer in einem adretten Anzug steckt.

Das ältere der beiden Kinder mit der jetzigen Frau gibt wenig Anlass zur Hoffnung auf große akademische Leistungen, ist dafür aber extrem fernsehserien-affin und widersetzt sich jedem Versuch, ihr die entsprechende stundenlange Unterhaltung zu begrenzen. Dies sogar äußerst erfolgreich, indem sie den ganzen Haushalt mit extremen Wutanfällen in Schach hält. Und beim jüngsten Sohn, dem kleinen Prinzen, ist bereits ADHS diagnostiziert, was nicht nur eine konstante Medikation, sondern auch schon drei Kindergartenwechsel nach sich gezogen hat.

Bei ihren eigenen drei Töchtern, wie sie unter tiefem Seufzen zugab, muss wohl auch einiges schiefgelaufen sein. Denn die älteste ist einfach Dauerstudentin im ersten Semester und alle drei geraten immer nur an schreckliche Männer. Und jetzt noch diese Geschichte! Die jüngste ihrer drei Töchter mit Albert hat vor wenigen Tagen, gerade einmal siebzehn Jahre alt, versucht, sich das Leben zu nehmen!

Als ich Albert darauf anspreche, gewinne ich unwillkürlich den Eindruck, dass die Peinlichkeit, die das für ihn bedeutet, die emotionale Betroffenheit bei Weitem übersteigt.

»Blöde Geschichte«, sagt er, und seine Stimme klingt, als müsse er sich angesichts einer bevorstehenden Aufsichtsratssitzung gerade trotz massiven Widerwillens mit einer Fehlinvestition auseinandersetzen. »Ich komme natürlich für ihre Therapiekosten auf«, versucht er Verbindlichkeit herzustellen. »Da ich mich für eine konspirative Atmosphäre nicht zu eignen scheine«, fährt er ansatzlos fort: »Sie muss

außerdem auch ordentlich abspecken. Darin sind Silvia und ich uns völlig einig!« Das Letzte sagt er mit großem Nachdruck.

Obwohl ich ihm unbesehen die elterliche Übereinstimmung beim Thema Gewichtsreduktion der Tochter abnehme, schafft er es doch, mich damit kurz aus der Balance zu bringen.

Was für ein Verrat! Das Mädchen, von dem wir hier sprechen, oszillierte zwar um die Sturmmarke von Fettleibigkeit und wurde von ihrem Freund mit der Begründung entsorgt, er würde zwar im Bett auf Fülle stehen, sich in der Öffentlichkeit aber für sie genieren, aber das war zu viel. Gerade jetzt, in dieser sensiblen Phase, wurde sie auch noch von den eigenen Eltern unter Druck gesetzt. Dies kam einer völligen Bestätigung dieser schrecklichen Kränkung gleich, nämlich nur als ein Körper zu zählen und als solcher eben einfach nicht zu genügen.

»Unter uns gesagt, kann ich den jungen Mann schon verstehen, obwohl sie mir natürlich sehr leid tut«, setzt Albert noch eins drauf. Doch bevor er jetzt vielleicht auch noch seine Weltsicht auf weibliche Körperlichkeit erläutern kann, unterbreche ich ihn mit jener Kälte in der Stimme, die ich mir für derartige Gelegenheiten sorgsam aufgespart habe.

»Die haptischen Vorlieben dieses jungen Mannes gegenüber seinem ethischen Unterbau abzuwägen, ist hier nicht wirklich unser Thema. Ihre Tochter hat vergangenen Dienstag einen ernsthaften Selbstmordversuch unternommen!« Ich lasse das jetzt wirken. Er fixiert mich kurz, um dann mein Behandlungszimmer zu inspizieren. Die Situation ist ihm äußerst unangenehm.

»Kinder gehören einem nicht«, nimmt er zu einem Gemeinplatz Zuflucht, »und sie wachsen beständig von einem weg. Man kann sie irgendwann einfach nicht mehr kontrollieren. Sie werden heute auch viel früher erwachsen. Man kann Silvia wirklich keinen Vorwurf machen. Blöde Geschichte. Machen Sie eine gute Therapie mit ihr, wenn das Kind irgendwo einen Knopf in seinem Denken haben

sollte. Meiner Meinung nach sollten Sie sie wirklich zum Abnehmen motivieren. Das würde sicher den größten Teil des Problems lösen«, kommt er nochmals auf das Thema zurück.

»Sie sprechen von der Oberfläche«, gebe ich zurück. »Ihre Tochter hat mehr als nur ein Gewichtsproblem und der Knopf sitzt weniger im Denken. Aber es könnte tatsächlich helfen, wenn Sie mit ihr zweimal die Woche ein entsprechendes Sportprogramm durchziehen würden.«

Damit habe ich nun wohl endgültig den imaginären Kreidestrich überschritten, der seine persönliche Freiheit markiert.

»Ich zahle Silvia einen Haufen Alimente und ich bin bereit, notwendige Zusatzkosten für dieses Kind zu übernehmen. Ich finde das eigentlich großzügig von mir.« Die Kälte in seinen Augen unterstreicht seine Aussage. Wir befinden uns auf unverhandelbarem Terrain. »Wenn Sie es für notwendig erachten, legen Sie meine Tochter auch ruhig zweimal die Woche auf Ihre Couch, damit so etwas nicht nochmals passiert. Aber eine Einmischung in meinen Zeitplan wird es nicht geben. Ich habe schließlich mein eigenes Leben. Dass dieses Kind augenscheinlich irgendwo ein größeres Problem hat, dafür kann ich nichts. Dafür, das zu lösen, was so einen Blödsinn auslöst, sind doch Sie die Expertin.«

Damit lehnt er sich zurück. Ich fühle mich wie eine Sekretärin, die jetzt, wo sie seine Anordnungen endlich kapiert hat, eigentlich sein Büro verlassen sollte. Seine Selbstgefälligkeit reizt mich, doch ich weiß, dass hier nichts zu holen ist. Das Ende der Fahnenstange seines Engagements für sein Kind ist hiermit erreicht. Armes Mädchen! Nach dieser Sitzung mit Albert kann ich gut nachvollziehen, wie einsam sie sich fühlen muss. Er hat sie im Stich gelassen – trotz materieller Sicherheit und jedweder Förderung. Wir werden eine Menge zu tun haben ...

Für Menschen wie Albert sind andere, und dazu zählen sogar die eigenen Kinder, keine Beziehungspartner, mit denen es einen gleichwertigen, respektvollen Austausch gibt. Dies verbietet sich aus ihrer narzisstischen Grundstörung heraus, die sie zum Nabel der Welt und damit zum Bezugsmaß jeder Kommunikation macht. Selbst wenn es charmant maskiert wird oder in der Umgangskultur sogar großzügig erscheinen mag, wie bei Albert, so wird dennoch jedes Gegenüber ausschließlich auf seine Nützlichkeit hin eingeordnet und gewichtet. Das Kind wird in dieser Beziehungsdynamik zu einem Objekt, das ihn aufwerten soll. Die Tochter, die einen Selbstmordversuch unternommen hat, ist Albert unangenehm. In seiner Reaktion gibt es weder Anteilnahme noch ehrliche Besorgnis, denn ihm fehlt die Fähigkeit zu echter Einfühlung in einen anderen Menschen.

Von einem narzisstischen Elternteil erzogen zu werden, bedeutet für ein Kind, in einem kalten Universum aufzuwachsen, ohne wirkliche Nähe und Wärme. Egal, wie exklusiv das Kinderzimmer eingerichtet ist und wie viel vordergründig in Förderung, Bildung und unmittelbare materielle Bedürfnisbefriedigung des Kindes investiert wird, die Kindheit wird nur unter dem Gesichtspunkt von Produktivität und Erfolg in der Zukunft verwaltet. Das Kind wird zu einem »Produkt«, über dessen »Gelingen« sich dieser Elternteil selbst zu bespiegeln trachtet und das er im schlimmsten Fall, wenn es die Erwartungen nicht erfüllt, sogar bereit ist, fallen zu lassen ...

Egoistische Elternteile wie Albert oder solche, die ihre Kinder auf unterschiedliche Weise instrumentalisieren, um sich über das »Gelingen« ihrer Kinder selbst aufzuwerten oder zu bestätigen, sind mit Sicherheit kein neues Phänomen. Aber ihre Zahl nimmt in einer Gesellschaft, in der dem eigenen Ego eine so zentrale Rolle zukommt, dramatisch zu. Der elterliche Garantenstatus mit allen seinen Mühen und zeitweise notwendigem Selbstverzicht scheint aus der Mode zu kommen.

Für die betroffenen Kinder bedeutet das, dass die Bindungsangebote, die sie von solchen Eltern bekommen, in keiner Weise – weder was Qualität noch Beständigkeit und Zuverlässigkeit anlangt – ausreichen, um selbst genügend Geborgenheit und Sicherheitsgefühl innerhalb des familiären Familiennetzwerks entwickeln zu können. Im schlimmsten Fall buhlt eine derartige Mutter mit der Tochter zum Beispiel um deren Aussehen und Jugend. Oder ein Vater kann den heranwachsenden Sohn in dessen aufkeimender Männlichkeit nicht bestätigen, sondern lediglich abwerten.

So wie in Alberts Fall skizziert, erlebt das Kind die gesamte Härte einer konditionalen »Liebe« – es wird von dem Elternteil nur akzeptiert, wenn es dessen Vorstellungen entspricht. Da bleibt kaum Raum für Menschenwürde, und so ein Kind kann seinerseits auch keinen wirklich zuverlässigen Glauben in das Leben entwickeln und daran, dass nach einem kalten Schauer irgendwann ein Regenbogen auftaucht und danach wieder die Sonne scheint.

Wie unser Gehirn darüber entscheidet, wer wir sind

Ich liebe diese Stimmung von Vorspannung, wenn ich zu einem Vortrag unterwegs bin. Ganz besonders, wenn ich mit dem Auto anreise. Diese zwei, drei Stunden Eingeschlossensein in der kleinen privaten Welt des Fahrgastraums, wenn ich mit zügiger Geschwindigkeit durch die vorbeiziehende freie Landschaft düse, bilden genau den richtigen Hintergrund, um mich einstimmen zu können, alle Büro- und Praxisagenden hinter mir zu lassen und jene freudige Spannung aufzubauen, die ich immer empfinde, wenn die Möglichkeit in Aussicht steht, neue Menschen kennenzulernen. Diesmal ist es besonders fein! Ein herrlicher Frühlingstag, an dem sich das erste aufkeimende Grün an den Baumspitzen der Wälder links und rechts im Wienerwald direkt mit dem eigenen Herzen und einem Gefühl von unbändiger Freude verbindet. Du bist da und gehörst dazu, lese ich die Botschaft, und Dankbarkeit, die mich selber wärmt und damit Belohnung wird, ist meine empfundene Antwort. Ein wenig Musik könnte nicht schaden. Im Radio läuft gerade ein Song, der derzeit rauf und runter gespielt wird, sehr rhythmisch und emotional: »Take Me To Church«. Großartig, perfekt, die Welt meint es gut mit mir!

Dann ertönt die Stimme der Sprecherin. Man kann eine bestimmte CD gewinnen, wenn man drei Songs, die darauf zu hören sind, nennen kann. Könnte ich nie! Ein junger Mann namens Patrick meldet sich. Wir erfahren, dass Patrick vergangene Woche gerade seinen neunzehnten Geburtstag gefeiert hat, eben jetzt auch im Auto sitzt und nach Graz zu seinem Onkel unterwegs ist, um mit ihm über das Wochenende eine Wandertour zu unternehmen.

»Du willst das Wochenende über durch wandern?«, kommentiert die Sprecherin das mit deutlichem Spott in der Stimme. »Ziemlich schwuler Plan.« Es ist klar, dass sein Unterfangen eindeutig schräg rüberkommt.

Mir bleibt die Spucke weg. Hat diese Frau noch alle Tassen im Schrank? »Das muss wohl dein Erbonkel sein«, bietet sie ihm jetzt als chrenvolle Erklärung an. »Das Wochenende durch wandern ist sonst ja wohl zum Abwinken. Du solltest doch lieber auf Hasenjagd gehen und durchsaufen statt durch wandern«, versucht sie sich an einem dümmlichen Wortspiel, während sie ihren Satz in einer lasziven Stimmlage anzulegen trachtet und gleich noch ein paar »coole Locations« erwähnt, an denen er an diesem Wochenende in Graz ganz bestimmt die »Sau rauslassen« kann, wie sie ihm versichert.

Patrick ist irgendwie irritiert, sein Lachen klingt bemüht und beschämt zugleich. Doch er verspricht Besserung für das kommende Wochenende und führt zur Entschuldigung an, dass es bei seinem Geburtstag sehr feucht zugegangen wäre. Die Sprecherin ist zufrieden, doch noch den richtigen Mann in ihm zum Vorschein gebracht zu haben. Dass er jetzt auch noch wie ein Vorzugsschüler die drei Songs der CD runterbeten kann, versöhnt sie endgültig und bringt den Kosmos wieder ins Lot.

Ich habe das Gefühl, als hätte mir gerade jemand mit dem Vorschlaghammer auf den Kopf gehauen. Der zartgrüne Wald in der vorbeiziehenden Landschaft hat sich nicht verändert, aber er wirkt auf mich jetzt aschgrau. War das gerade eine Begegnung mit Außerirdischen? Welche Wertekultur wird hier als selbstverständlich transportiert? Sich in der Natur bewegen ist »schwul«, was hier nebenbei bemerkt als abwertende Etikettierung gemeint ist. »Durchsaufen« ist das anzustrebende Normziel für junge Menschen. Materielle Beweggründe, Stichwort »Erbonkel«, sind die einzige zulässige Erklärung, um vom großen sinnstiftenden Normplan »Party« abzuweichen. Wie ist das möglich? Immerhin handelt es sich hier um einen großen Radiosender, der im ganzen Land empfangen werden kann und der mit einigen anderen um die Hörergunst konkurriert.

Letztendlich kann das nur bedeuten, dass diese Fata Morgana aus Übergriffigkeit, Entkulturierung und brutaler Plattheit im Umgang miteinander vor dem Hintergrund einer permanent präsenten Hypersexualisierung einfach vielen gefällt und im Trend liegt, somit die Grundbetriebsnorm unserer Alltagsgesellschaft widerspiegelt.

Doch welche Botschaften werden durch eine derartige unterschwellige Dauerberieselung mit dieser Art von »Seinsweise« uns und vor allem den jungen Menschen vermittelt? Welche Haltung, welche Ethik, welche Umgangskultur, welches Identitätsbild und in der Folge welche gesellschaftliche Realität werden hier mit winzigen Meißelhieben herausgearbeitet?

Unser Hirn entwickelt sich so, wie wir es gebrauchen. In der Art und Weise, wie wir unsere Wahrnehmung strukturieren, nach welchen Gesichtspunkten wir bewerten, was cool und erstrebenswert ist, welchen Umgang miteinander wir als »normal« etablieren, verbindet sich das in uns angelegte Potenzial mit unserem sogenannten »freien Willen« und der Verantwortung zur Wahl und wird schließlich zur gelebten, organischen Struktur. Das ist ein fundamentaler Prozess, der bis in die tiefsten Bereiche unserer Hirnarchitektur hineinspielt, der darüber entscheidet, was wir sind, und der all das, was wir werden könnten, in die Unerreichbarkeit des im wahrsten Sinne des Wortes Undenkbaren versinken lässt.

Was erleben also unsere Kinder in ihren jungen Jahren, dann wenn sozusagen ihr Betriebssystem aufgesetzt wird und ihr Hirn in Interaktion mit ihrer Umwelt tritt, um letztendlich im jungen Menschen geformte, gefühlte und auch organische Realität zu werden? Welches Hirn, ein soziales oder ein narzisstisches, und damit verbunden welches Betriebssystem an Werten und Kulturnormen wird diese nächste, jetzt heranwachsende Generation einmal besitzen, wenn sie in den selbstständigen Betriebsmodus gehen wird? Welchen Input bekommt sie dafür von unserer heutigen Gesellschaft?

Sehen wir uns dazu doch einmal die unterschiedlichen »Tatorte« an, an denen das Hirn unserer Kinder geformt wird.

Die Tatorte des Verbrechens – Wie Max und Anna begreifen lernen, dass die Welt ihrer Eltern scheiße ist

Nehmen wir Max, es könnte auch eine Anna sein, und steigen wir in die jungen Schuhe dieses lernenden Hirns, das als hoch abhängiger Organismus in aller erster Linie einmal begreifen muss, was hier in seiner Umgebung gespielt wird. Es gilt also herauszufinden, was hier so Sache ist, damit sich Max oder Anna in diesem sozialen System auch Gehör verschaffen können und akzeptiert werden. Am besten wäre es natürlich, geliebt zu werden, aber wir wollen nicht gleich nach den Sternen greifen. Was also erlebt dieses Hirn? Mit welchen Informationen über die Welt wird es auf dem ersten Tatort seiner frühen Gesellschaftserfahrungen gefüttert?

Die Zugehörigkeit zu einem sozialen System sicherzustellen, das heißt, den sozialen Code mit dem Bezugssystem zu teilen, ist von fundamentaler Bedeutung. In Zeiten, die evolutionsbiologisch gerade einmal einen Wimpernschlag her sind, stellte diese hohe Adaptionsbereitschaft das eigene Überleben sicher, aber auch heute tut es noch äußerst weh, als Außenseiter zu gelten. Es verwundert also nicht und hat tiefere Bedeutung, als nur unserem Amüsement zu dienen, dass kleine Kinder so ziemlich jedes Verhaltensbruchstück ihrer Umgebung wie ein Schwamm aufsaugen und nach ihrem eigenen Vermögen kopieren. Dies gilt selbst für die spezielle Art, wie Onkel Paul sein Haar zurückstreicht oder sich räuspert, wenn er seinen Worten Gewicht verleihen möchte.

Gehen wir einfach davon aus, dass Max oder Anna ideale Startbedingungen gehabt haben, erwünscht waren und in ein sogenanntes intaktes Familiensystem hineingeboren wurden. Haken wir auch das Babyschwimmen und alles, was sonst noch unter früheste Förderung fällt, als bereits hinter ihnen liegend ab und hoffen wir, dass sie die ersten Sandkastengefechte durchsetzungsstark für sich entschieden haben, denn sonst müssten sich ihre Eltern bereits Sorgen um ihre Zukunft machen. Längst vorbei sind die Zeiten, in denen man sein Kind einfach abgeklopft und beiläufig getröstet hat, wenn sich wieder einmal ein Sandkübel über seinem Kopf entleert hatte.

Natürlich haben Max und Anna aus ihrem Kinderwagen heraus bereits tausende Bilder in der permanent präsenten Werbung in U-Bahn-Stationen oder an anderen öffentlichen Plätzen gesehen. Sie wissen, ohne Worte dafür zu haben, wie eine richtige Frau sich zu geben hat oder was es heißt, ein echter Mann zu sein, und auch welche Körperlichkeit gewünscht ist und soziale Akzeptanz erfährt. Vielleicht hatte Max das Glück, dass seine Großmutter sich nicht einreden ließ, die »Teletubbies« seien ein Sprachförderprogramm für Kinder und er ist davon verschont geblieben, der dümmlichen Laa-Laa oder Po Platz in seiner Kinderwelt und seinem jungen Gehirn zu überlassen.

Aber ganz sicher haben er und Anna bereits viele Stunden in unserem Lieblingsbeförderungsmittel, dem Auto, und zwar in einem von Autofahrerclubs zertifizierten Kindersitz zugebracht, der zwar »sicher« – was auch immer das sein soll –, aber trotzdem verdammt hart ist, wenn man ihn mit einem Autositz für Erwachsene vergleicht. Wahrscheinlich haben sich Anna oder Max, möglicherweise auch beide, denn sie haben ja moderne Eltern, mit deren Smartphones die Zeit mit lustigen Handyspielen »für die ganz Kleinen« vertrieben und viele bunte Blasen und Kugeln zum Zerplatzen gebracht. Das soll unbewiesenermaßen die Auge-Hand-Koordination fördern, schützt aber bewiesenermaßen alle im Wagen Anwesenden vor Kommunikation miteinander. Schont ja auch die Nerven der Eltern.

Kaum können Max und Anna in ihren ersten Kinderschühchen – für die es bei der Auswahl natürlich ebenfalls Orientierungshilfen für die Eltern gibt – halbwegs sicher durch Supermarktgänge torkeln, werden sie auch schon auf die wichtigste Kompetenz ihres Lebens eingeschworen: ein guter Konsument zu sein. Die Vorarbeit, die unsere Gesellschaft dabei in Form von auf Kinder abgestimmter Werbung leistet, ist im Umgang heroisch, lässt keinen Trick moderner Filmanimation aus und ist noch dazu lehrreich. Selbst das stumpfeste Kind begreift die Botschaft der guten Vitamine, der feinen, das Wachstum fördernden Kuhlimuh-Milch und realisiert, dass Spurenelemente als glitzernde blinkende Kügelchen für sein Fortkommen wichtig sind. Den Rest übernimmt ein kinderfreundliches Regalmanagementsystem, das für die Kleinen alles für sie Relevante in Griffhöhe bereithält und für die Langsamen gibt es dann immer noch die letzten Meter vor der Kasse, um entsprechende Pocketbegleiter einsacken zu können. Kein Supermarkt will es sich leisten, solche Produkte, die mithilfe eines evolutionär unwiderstehlichen Programms kindliche Geschmacksnerven kitzeln, nicht im Regal zu haben. Dass die Kinder dabei auch mit jeder Menge künstlichen Zutaten und Aromen, mit Zucker, Fett und den damit verbundenen Kalorien gemästet werden, ist ein Nebeneffekt, der wohl nur ewige Nörgler wie mich ernsthaft stört, auch wenn sich hier bereits ganz klar manifestiert, dass unsere Gesellschaft nicht auf ihre Kinder achtet, sondern sie benutzt. Denn am »fetten Kind« lässt es sich, wenn man es recht bedenkt, auch wieder gut verdienen.

Aber das ist derzeit noch nicht unser Problem. Max oder Anna haben zu diesem Zeitpunkt ihrer Sozialisierung vielleicht Babyspeck, aber das zählt jetzt noch nicht. Eltern ihrerseits haben an dieser Sozialisationsklippe in Sachen Konsum zwei Möglichkeiten: Entweder sie vermeiden Kämpfe mit dem Nachwuchs, sammeln Pluspunkte im Wettbewerb, der »beste Freund« ihres Kindes zu werden, und helfen so mit, den Grundstein für spätere Ess- und Gewichtsprobleme zu legen, oder sie greifen durch, was Diskussionen und eventuell Streit mit sich bringt. Wer die zweite Möglichkeit wählt, heftet sich den Sticker des Hardliners und Lustverweigerers an die Brust, der dem Kind laut öffentlicher Meinung eine »Kleinigkeit« verweigert, wenn er auf der vereinbarten Grenzsetzung besteht, auch wenn der tiefere Grund, warum Außenstehende sich im Supermarkt in eine derartige Auseinandersetzung mit dem Kind einmischen, vielleicht nur darin liegt, dass sie ihre Ruhe haben möchten.

Allerdings sind Max und Anna jetzt bereits in einem Alter, in dem sie nicht nur auf ihre Eltern und andere unmittelbare Bezugspersonen akribisch kalibriert sind, sondern sie treten, hoffentlich nicht allzu früh, in ihren ersten eigenen äußeren sozialen Bezugsraum ein: ihren Kindergarten. Wenn Max oder Anna richtig Glück haben, kommen sie in einem Kindergarten ohne modernes pädagogisches Konzept unter. Zugegebenermaßen stehen die Chancen dafür für jeden kommenden Geburtsjahrgang schlechter, zumal nun sogar schon große öffentliche Institutionen den neuen pädagogischen Richtlinien der »individuellen Förderung« Tribut zollen. Es handelt sich um eine gefällige Worthülse mit Nebenwirkungen, die dem Zeitgeist folgend in allen Ohren unwiderstehlich klingt.

▶ *Bettina, seit zwanzig Jahren Kindergartenpädagogin aus Berufung, erklärt mir, was dies im Kindergartenalltag im Klartext bedeutet. Das erklärt auch, warum sie bei mir einen Termin zum Thema Burnout vereinbart hat.*

»Ich darf laut neuen Richtlinien nur mehr ›Angebote‹ machen und nichts mehr vorgeben«, erklärt mir diese erfahrene Pädagogin, die eine ganze Generation bei ihren ersten Schritten des sozialen Umgangs im täglichen Miteinander begleitet hat. In ihrer Stimme liegt ehrliche Verzweiflung.

Dabei klingt das doch eigentlich richtig gut, diese Sache mit den »Angeboten«. Da kann man als Elternteil endlich wirklich aufatmen und sein Kind in Sicherheit vermeinen, wenn dieser Konzeptwandel präsentiert wird. In diesem Konzept ist für das Schreckgespenst der alten Zwangspädagogik ganz sicher kein Plätzchen mehr übrig. Es klingt nach Wahlfreiheit, denn ein Angebot kann man bekanntlich auch ablehnen oder übergehen. Nahezu alle Eltern vollziehen dann auch gleich den damit suggestiv geforderten Gedankensprung, dass damit die Entwicklung des individuellen Potenzials des Kindes ja wohl gesichert ist. Noch bin ich also an dieser Stelle ihrer Erzählung von der Gesellschaftsentwicklung getröstet.

Bettina belehrt mich eines Besseren. Diese »Angebotssetzung« hört *sich zwar ausnehmend gut und vor allem als zu dem gesellschaftlichen Trend von Freiheit passend an und lässt auf lauter begnadete Künstler und großartige Wissenschaftler hoffen, wenn die Kinder nur frei ihre Supertalente entwickeln dürfen, doch der Haken sitzt in der Umsetzung.*

»Sie können sich nicht vorstellen, was das für die Arbeit mit den Kindern tatsächlich bedeutet«, versucht sie, meinen Blick vom rosaroten Konzeptpapier auf die Alltagssituation und Umgangsmechanik am Tatort Kindergarten zu lenken. »Der ›Morgenkreis‹ ist verpönt, dabei war das ein Fixpunkt zum Ankommen für alle. Der Morgenkreis ist ein Platz, an dem alle Kinder der Gruppe einander als Gemeinschaft wahrnehmen und bestätigen. Sie lernen dabei, dass jeder drankommen kann, dass für jeden Platz ist und es für ein geordnetes Miteinander Regeln geben muss. Dass man es respektiert, wenn der andere spricht und so weiter ...« *Sie hält inne. Ihr Blick sucht in meinem nach Bestätigung. Was sie sagt, erscheint mir vollkommen logisch. Ich nicke angedeutet und sie fährt fort.* »Das kann doch nicht so falsch sein. Das ist doch nicht autoritär, wenn ich Sebastian bitte, noch zu warten, bis Fabian fertig erzählt hat, oder wenn ich Ruth ersuche, Fabian zuzuhören und nicht aufzustehen und sich irgendein Spiel zu nehmen«, *versucht sie mir zu erklären. Da hat sie allerdings vollkommen recht.*

»Jetzt darf ich ›Angebote‹ machen«, wiederholt sie und in ihrer Stimme liegt Abscheu. »Alles Augenauswischerei! Wissen Sie, was das im Klartext heißt? Die Kinder sollen zum Beispiel selbst spüren, ob sie hungrig sind. Also haben wir den ganzen Vormittag über ›gesundes Gabelfrühstück‹ auf einem Tisch vorbereitet. Das schätzen die Eltern sehr! Es führt aber dazu, dass sich die Kinder die Apfelstücke oder Orangenscheiben holen und wir sie dann oft an den unmöglichsten Plätzen wiederfinden. Und*

irgendwie wäre gemeinsames Essen, Herrichten, Wegräumen, Teilen und dabei miteinander in ruhiger Stimmung reden und bewusst essen doch ein Training in Sozialkompetenz. Abgesehen davon, dass einen Apfelschnitz, der eine Stunde irgendwo rumgelegen ist, niemand mehr so richtig prickelnd findet.«Bettina holt kurz Luft.»Aber wahrscheinlich ist es besser, wenn die Kinder zum Thema Sozialkompetenz später dann einen Kurs belegen« fügt sie sarkastisch hinzu.

»Ich gebe Ihnen ein Beispiel für die pädagogische Arbeit«, führt sie so gleich weiter aus.»Ich kann mich mit der Gitarre irgendwo hinsetzen und ein Lied anstimmen und wenn das ein paar Kinder interessiert, dann kommen sie eben dazu. Alle anderen können inzwischen herumtoben oder das tun, was sie gerade wollen. Das bedeutet dann, dass der Lärmpegel oft so hoch ist, dass von dem Lied nicht viel übrig bleibt oder andere Kinder mich einfach unterbrechen, weil sie mich für ihre Aktivitäten brauchen. Die meisten Spielsachen werden rausgerissen und bleiben dann einfach dort liegen, wo sie waren. Grundsätzlich ist die Stimmung von Unruhe und Chaos geprägt, was dazu führt, dass alle spätestens vor der Mittagszeit gereizt sind. Die Kinder sollen jetzt alles immer möglichst frei wählen. Ihren Interessen und Talenten nachgehen, wie es heißt. Das klingt ja gut.«Bettina ist jetzt richtig in Fahrt, sich ihren Kummer von der Seele zu reden.»Aber das führt dazu, dass es Kinder gibt, die einfach immer das Gleiche tun, die sich einfach um nichts in der Welt von selbst für eine Schere interessieren oder ein Buch. Wir haben ein paar von den sogenannten Hyperaktiven und die wollen die ganze Zeit überhaupt nur mehr rumrennen und sich balgen und akzeptieren dann gar nichts mehr. Und andere, denen der ganze Rummel zu viel ist, weil sie entweder eben scheuer sind oder daheim durch irgendetwas gerade sehr belastet werden, sitzen dann stundenlang allein in den Nestecken oder Kuschelkojen, bis irgendwer vom Personal einmal eine Sekunde Luft hat und bemerkt, dass sie weg sind.

Die Kinder bewegen sich im Gruppenraum vielfach wie isolierte Gestirne oder finden sich in ihren ›Busenfreundschaften‹ zusammen Dass sie eine richtige Gruppe, eine Gemeinsc haft bilden würden, das ist auf diese Art überhaupt nicht mehr drin. Wissen Sie –«, sie senkt ihre Stimme und es wird klar, dass sie mir gleich etwas sehr Vertrauliches mitteilen wird, »wir hatten in einer Nachbargemeinde in einem Kindergarten den Fall einer Pädagogin, die sogenannte schwierige Kinder zum Abkühlen immer wieder in ein Kammerl eingesperrt hat. Als das herausgekommen ist, wurde es vertuscht und sie musste natürlich gehen. Ich habe sie von früher gekannt. Wir haben die Ausbildung gemeinsam gemacht. Sie war sicher nie der Typ, der so etwas aus Überzeugung gemacht hätte. Ich habe sie angerufen. Sie war total fertig. Sie macht sich den Vorwurf, dass sie nicht einfach früher schon ihren Beruf aufgegeben hat. Das Gefühl, nur mehr Chaos verwalten zu können, die Inhomogenität der Kinder und der Druck von oben, dass alles super und erfolgreich aussehen muss, waren ihr zu viel. Sie hat sich in manchen Situationen einfach nicht mehr anders zu helfen gewusst.«

Bettina lehnt sich kurz in ihrem Fauteuil zurück. Längst habe ich verstanden, dass ihr das, was sich momentan als »moderne Kindergartenpädagogik« präsentiert, ein echtes Anliegen ist und weit über ihre eigene Befindlichkeit hinausgeht.

»Was hier abläuft und als ›individuelle Förderung‹ verkauft wird, ist Betrug«, benennt sie das Problem jetzt ganz hart. »Wir haben weder die Personalressourcen noch die sonstigen Gegebenheiten für ehrliche individuelle Förderung. Die Eltern haben auch kein wirkliches Bewusstsein dafür, was individuelle Förderung eigentlich bedeuten würde. Als ich mich für eine große Gatschmulde für die Kinder in unserem Freigelände eingesetzt habe, um ihnen eine sinnliche Erfahrung und den Umgang mit Naturmaterialien zu ermöglichen, sind die Eltern Sturm gelaufen, weil sie den Kindern jetzt auch noch eine Gummihose in den Kinder-

garten mitgeben müssen. Ein Wasserbecken im Gruppenraum und Plastikgefäße wären ihnen mehr entgegengekommen.«

Ich beginne das Dilemma von Pädagoginnen, die sich den Kindern verpflichtet fühlen, immer besser zu verstehen. Sie erleben sich als Hilfsknechte eines Systems, das bloß eine hohle Kulisse ist – auch wenn sie prächtig aussieht. Dazu sollen sie auch noch strahlend lächeln und Eltern vermitteln, dass alles zum Besten steht.

»Was aus den Kindern wirklich wird, scheint jedem egal zu sein. Jedenfalls fühlt sich dafür keiner ehrlich verantwortlich«, setzt Bettina mit Bitterkeit in der Stimme fort. »Aber wir sind angehalten, alles zu dokumentieren. So viel Bürokratie hatten wir noch nie! Ständig sollen wir diese verdammten Angebote machen und beobachten und natürlich alles aufschreiben. Damit ja alles festgehalten ist! Das ist auch eine Art Absicherung, würde ich sagen. Ich fülle alle möglichen Bögen aus, quantifiziere und qualifiziere jede Lebensregung und jeden Entwicklungsschritt und bin damit natürlich auch eine Art Frühwarnsystem, wenn etwas nicht funktioniert. Nur habe ich weder die Zeit noch die Möglichkeit, mich darum zu kümmern, dass es funktioniert. Und mit den Eltern ist es auch ziemlich schwierig geworden. Erstens haben wir heute sehr viel mehr Kinder mit Verhaltensoriginalitäten und solche, die durch ein bereits wieder im Umbruch stehendes Familiensystem belastet sind. Zweitens erwarten sich die Eltern von uns, dass durch diese sogenannte individuelle Förderung aus ihrem Kind ein Superstar wird. Kritik können sie überhaupt nicht mehr annehmen. Ihr Kind ist immer ein Prinz oder eine Prinzessin. Genau genommen habe ich durchschnittlich fünfundzwanzig Prinzen und Prinzessinnen in einer Gruppe, die alle ständig im Mittelpunkt stehen sollen, und ich soll sie gemeinsam mit einer Helferin, die meist damit beschäftigt ist, hinter den Kinder herzuräumen und herzuputzen, in dokumentierter und herzeigbarer Form zur idealen Schulreife bringen. Und das alles, ohne dass ich sie als Gruppe führe und in den

notwendigen Teilleistungen anleite, sondern darauf vertraue, dass sie die Sinnhaftigkeit des Ganzen von allein begreifen! Erscheint Ihnen das sinnvoll?« In ihrer Stimme liegt jetzt Empörung, als wäre ich ihre vorgesetzte Behörde. Doch sie ist mit ihren Ausführungen noch nicht zu Ende. »Ich kann Ihnen sagen, wohin das führt. Wir haben Kinder, die mit sechs Jahren noch keinen Bleistift halten und auch keine Schere oder ein anderes Werkzeug bedienen können. Eine ganze Menge von unseren Kindern kann auch nicht länger als ein paar Minuten stillsitzen. Viele haben kein ausreichendes Selbstmanagement, um die Grenzen anderer überhaupt zu respektieren. Ihr Konzentrationsvermögen und ihre Aufmerksamkeit sind nicht ausreichend trainiert, jede kleinste Ablenkung genügt. Sie sind mit anderen Worten schlecht ›beschulbar‹, wie das so schön heißt, und ihre Volksschullehrerinnen sind dann böse auf uns! Dabei handelt es sich durchwegs um clevere Kinder, nur ist ihr Potenzial bisher vergeudet worden, weil wir ihnen die Basis, das Grundalphabet sozialen Verhaltens und Selbstorganisation nicht mehr beibringen. Ist das nicht paradox?«

Bettina lehnt sich nun endgültig zurück. Im Raum ist es kurz sehr still. Sie hat Dinge benannt und zu einem kompletten Puzzle zusammengefügt, die mir in einzelnen Teilaspekten, denen ich bisher nicht konsequent nachgegangen bin, bei Besuchen in Kindergärten hier und da ebenfalls bereits aufgefallen sind. Ein wenig zusammengesunken wirkt diese wirklich engagierte, nicht einfach persönlich überforderte Frau jetzt gerade. Ihre Wut ist echt. Sie richtet sich gegen ein System, das seine Schutzbefohlenen um das betrügt, was es angeblich gewährleistet.

Dann fasst Bettina das ganze Thema noch einmal mit tiefer Enttäuschung zusammen. »Ich verstehe nicht, was hier passiert. Wie kann das Niederreißen einer Struktur, die darauf ausgerichtet ist, soziale Spielregeln zu vermitteln, Freiheit bedeuten? Das Einzige, was passiert, ist, dass die Kinder gar kein Gemeinschaftserleben mehr aufbauen. Das *soll dann Individualismus sein! Wer sagt eigentlich, dass individuelle Förderung und Respekt für die Gemeinschaft einander ausschließen? Die werden alle höchstens totale Egoisten! Ich verstehe den Plan dahinter wirklich nicht. Aber das Ganze macht mir einfach Angst!«*

Max und Anna haben also jetzt in ihrem Kindergarten bereits einige wertvolle, prägende Erfahrungen zur sozialen Umgangsmechanik in der Gesellschaft gemacht. Vielleicht hatten sie ein bisschen Glück und konnten mit Gleichaltrigen gemeinsam etwas erleben und dabei feststellen, dass man Spielregeln beachten, sich beteiligen und den anderen respektieren muss, wenn das gelingen soll. Auch wenn das bedeutet, die eigenen Bedürfnisse gelegentlich hintanzustellen. Wir wünschen es ihnen, dass sie diese Erfahrungen gemacht und ein damit einhergehendes Gefühl von Einbettung und Zugehörigkeit erlebt haben, denn natürlich können sie darüber noch nicht nachdenken, und dass das klappt, liegt im Verantwortungsbereich der Erwachsenen und Institutionen, die sich dieses Auftrags auch bewusst sein sollten.

Mit einer gewissen Wahrscheinlichkeit haben Max und Anna allerdings bereits einen anders gearteten Erfahrungsschatz zum richtigen Umgang miteinander unter dem Titel der Förderung ihrer Individualität aufgebaut. Ellbogen raus, Scheuklappen aufgesetzt und einfach mal ausprobieren, was du willst! Hauptsache, du stehst im Zentrum und keiner kann dir die Show stehlen. Aber auch darüber können sie natürlich noch nicht nachdenken und auch das liegt im Verantwortungsbereich der Erwachsenen und Institutionen, auch wenn diese nicht wirklich Bereitschaft und Kompetenz zeigen, die Konsequenzen zu bedenken. Mit Kindern kann man schließlich alles machen und das Ganze liegt voll im Trend, auch wenn die Kinder später die Suppe versäumter Selbstorganisation und mangelhaften Sozialverhaltens werden auslöffeln müssen, denn dass der Kindergarten nur eine Phase ihres Lebens bleiben wird, ist ihnen noch nicht klar.

Jetzt sollen auf jeden Fall zuerst einmal die anderen aufräumen. Wenn die dann essen, spielen sie lieber mit Bauklötzen. Dass sie jemanden stören könnten, fällt ihnen gar nicht auf. Sie sind es ja gewohnt, ihre Aufmerksamkeit sowieso nur auf sich selbst zu richten. Sie werden in diesem Kosmos, dessen Grenzen sie schwer erkennen können, weil sie schlecht markiert sind, allein gelassen und reagieren oft verstört, wenn sie plötzlich grob zurechtgewiesen werden, weil sie ans wirkliche Ende ihrer Erdscheibe gelangt sind und ihr Insistieren tatsächlich unerträglich geworden ist. Sie spüren dann, dass hier irgendetwas faul ist, dass die große Proklamation von freier Entwicklung und Individualität nur eine Chimäre ist. Doch auch das können sie weder benennen, noch die Verantwortlichen zur Rede stellen. Sie können nur reagieren – verunsichert, laut, hyperaktiv, deutlich antisozial. Sie spüren, dass bei ihren Eltern herbe Enttäuschung aufkommt, obwohl sie ihnen doch immer sagen, dass sie doch »ihre Prinzessin« oder »ihr Prinz« seien und über fantastische Talente verfügen würden, wie übrigens jedes Kind. Wie man diesen Schatz heben könnte, zeigen die Eltern ihren Kindern aber auch nicht, sondern lassen sie in dieser großen Freiheit allein. Genauso wie die Kinder vom Rest der Gesellschaft auch allein gelassen werden.

Max und Anna sind jetzt schon richtige kleine Personen geworden. Natürlich entscheidet nicht nur ihr Kindergarten, im Speziellen die Erfahrungen, die sie dort machen, darüber, welche synaptischen Verschaltungen aufgebaut werden und wie sich ihr Gehirn formt, sondern vor allem das soziale Leben innerhalb ihrer Familie. Die Art und Weise, wie Lebensprozesse und Umgangsformen sowie die Kommunikation miteinander aufgesetzt sind, entscheidet wesentlich mit, wie sich als Abbild der äußeren Welt ihre innere »Wahrheit« als gefühltes Wissen zum Wesen der Dinge aufbaut. Ihr Familienleben gibt ihnen also wertvolle Informationen für die Erschaffung ihres eigenen Weltbilds.

Statistisch gesehen hat sich bei einem von ihnen wahrscheinlich noch ein kleiner Bruder oder eine kleine Schwester eingestellt, sie fahren mit ihren Eltern regelmäßig ins Ausland auf Urlaub, besuchen ihren ersten Schikurs, lernen Schlittschuhfahren, Ballett oder machen erste Erfahrungen mit dem Klavier oder einem anderen Instrument. Die Chancen, dass ihre Eltern noch zusammen sind, stehen zu diesem Zeitpunkt gar nicht so schlecht. Ihre Mama geht natürlich schon längst wieder arbeiten und muss gerade die schwierige Entscheidung treffen, ob sie endlich wieder einer Vollzeitbeschäftigung nachgehen und damit ihre Karriere vorantreiben soll, wie ihre Freundinnen alle einmahnen, oder wenigstens maximal zum gemeinsamen Familieneinkommen beitragen soll. Der Papa, der vielleicht einen Monat Papa-Karenz genommen hat, als Anna oder Max noch ganz klein waren und der – wenn er nicht gerade in einem Staatsbetrieb tätig ist oder die Karenzzeit für seine Dissertation oder eine andere Aufschulung nutzen wollte – seither nie mehr über das Thema Kinderbetreuung nachgedacht hat, arbeitet natürlich auch Vollzeit.

Zeit ist ein knappes Gut im Familienleben von Anna und Max im 21. Jahrhundert, übrigens in jeder konsumgetriebenen modernen Familie, die bemüht ist, die Standards der jeweiligen sozialen Schicht zu erfüllen. Und wer will denn bitte auch arm sein? Man ist zwar schon zusammen als Familie, aber irgendwie sind die Erwachsenen meistens mit etwas anderem beschäftigt. Der Großteil der Kommunikation läuft in den sozialen Zwischenräumen ab, auf dem Weg in den Kindergarten oder zu den Förder- und Hobbyaktivitäten. Gott sei Dank gibt es zu diesem Zeitpunkt im Leben von Anna und Max allerdings im Durchschnitt auch noch definierte Räume, wie etwa Einschlafrituale oder Hilfe beim Anziehen oder bei der Körperpflege, die für direkten Austausch und Nähe auf alltäglich fühlbarer Basis sorgen, außer das alles ist in Annas oder Max' Familie der Selbstregulation überlassen. Kindergartenpädagoginnen berichten diesbezüglich nämlich von einer wachsenden Zahl von Einzelfällen. An Sonntagen gibt es höchstwahrscheinlich – vorausgesetzt, die Eltern sind vom Berufsalltag oder von den Aufgaben im Haushalt, die sich angehäuft haben, nicht zu ausgelaugt, haben die Fortbildungserfordernisse des lebensbegleitenden Lernens erfüllt und wollen nicht endlich einmal etwas für sich selbst tun, wie zum Beispiel ins Fitnessstudio gehen – einen Ausflug. Am praktischsten zu einem Indoor-Spielplatz, der zwar auch wieder etwas kostet, dafür aber absolut kindergerecht und nicht mit den grässlichen, unüberlegten Naturlandschaften früherer Generationen zu vergleichen ist. Man spart sich auf diese Weise die mühselige Bewährung in unebenem Gelände, die Gefahren nicht regulierter Bäche, den Dreck morastiger Wiesen, die Herausforderung des Erklimmens von Felsbrocken. Sollte dennoch etwas passieren, ist die Verschuldensfrage dank TÜV-Zertifizierung und Betreiberreglement rasch geklärt. Alle sind glücklich und Max und Anna kennen es ja nicht anders. Ihr Hirn allerdings auch nicht und so werden viele wesentliche Verschaltungsmuster nicht bestärkt. Nicht zu vergessen sind noch die wirklich Weisung gebenden Erfahrungen in Richtung sozialer Positionierung, die Kindergeburtstagsfeiern, bei denen man lernt, innerhalb der üblicherweise vorgegebenen drei Stunden eine maximale Themeninszenierung zu betreiben und das Ego zu stärken.

Anna und Max sollten nun für den nächsten großen Schritt auf ihrer Reise, die Welt zu begreifen, gerüstet sein. Jetzt wartet der »Ernst des Lebens« auf sie. Damit werden sie die vollständige Härte des Gesellschaftsbetrugs erst richtig kennenlernen!

Anfangs macht man ihnen die Schule noch mit einer vor Kalorien, Zucker und Fett überquellenden Schultüte schmackhaft und mit stoischem Lächeln ertragen erprobte Pädagoginnen und Pädagogen in den ersten Wochen die Unruhe im Klassenzimmer. Doch rasch wird klar, dass hier nun ein neuer, unerwartet kühler Wind weht. Die lustigen Tischinseln, an denen man frei seinen Platz wählen darf, die bunten Dekorationen und die quer durchs Klassenzimmer gespannte Wäscheleine, auf der die neuesten Ergebnisse kreativen Schaffens aufgereiht sind, sollen zwar den Eindruck freien Schaffens erwecken, denn diese Idee will die Institution Schule natürlich gerne hochhalten und damit modern wirken. Doch dahinter lauert eiskalter Druck auf Lehrer und Schüler gleichermaßen. Hier sollen Pädagogen, am liebsten à la Mary Poppins und natürlich meistens ohne entsprechende Mittel und Rahmenbedingungen eingeräumt zu bekommen, die leistungsstarke Zukunftsgeneration schmieden. Eltern wollen diese magische Verwandlung ihrer jungen Wilden natürlich auch, und zwar ganz ohne Druck, spielerisch wäre allen am liebsten, Die Kinder sollen sich einfach so darauf hin entwickeln und alle akademischen Ziele im lockeren Lauf unaufhaltsamer intrinsischer Motivation abkassieren, so wie die Bonuspunkte in einem Videospiel. Darin sind sich alle Eltern einig.

Im Weiteren zeigen sich allerdings grobe Unterschiede. Ob Eltern die Emanzipation von ihrer eigenen Schullaufbahn und den damit verbundenen Erfahrungen vollzogen haben, ist ausschlaggebend dafür, ob sie letztendlich eine wechselseitige respektvolle Eltern-Schul-Partnerschaft leben können, ohne die besseren Pädagogen sein zu wollen. Andernfalls wird die Einschulung der Kinder der Startschuss um verspätet Rache an der Pädagogenschaft, deren Autorität mittlerweile demontiert ist, nehmen zu wollen. Sie sehen in der Schule einen ihrer Bewertung beständig unterstehenden Dienstleistungsbetrieb, der ihr Kind erfolgreich ins Gymnasium zu bringen hat.

Sollten Max' oder Annas Eltern zu letzterer Kategorie gehören, so ist, selbst wenn Max wie ein Affe durchs Klassenzimmer turnt, jedem den Radiergummi klaut und seine gesunde Milchschnitte auf sein Deutschheft schmiert, immer die Lehrerin oder der Lehrer schuld, die oder der ihn einfach nicht richtig » abholen « kann. Auch wenn Max' Eltern in diesem Fall scheinbar hinter ihm stehen, den Zahltag gesellschaftlicher Realität noch erfolgreich wegretuschieren, seine Talente, seine sensible Seele und sein einfach naturgegebenes Führungstalent verteidigen, wird es am Ende ganz bestimmt Max selbst sein, der die Rechnung dafür zahlen muss. Aber das werden wir noch sehen.

Ehrlich bemühte Pädagogen versuchen also Stroh zu Gold zu spinnen und müssen sich im Schmelztiegel ihres Klassenzimmers zwischen dem Amboss freien Entfaltungsstrebens und dem Hammer der Problematiken akademischer Leistungsziele bewähren. Nicht umsonst findet sich die Berufsgruppe der Pädagoginnen und Pädagogen im Spitzenfeld der Burnout-Raten. Vielen kommt irgendwann der Sinn abhanden, wenn sie selber den Betrug erkennen und sich wie Bettina nur mehr als Kulissenschieber und Handlanger eines sinkenden Schiffs sehen.

Max und Anna erleben inzwischen, obwohl sie es nicht benennen können, das Gleiche wie alle Beteiligten, nur von einer anderen Seite: die Vielfalt einer pluralistischen Gesellschaft im eigenen Klassenzimmer. Die frühere Homogenität ist längst einem bunten Bild gewichen. Da gibt es Kinder wie Max, die, was ihr Verhalten in der Gemeinschaft anlangt, als glatte Analphabeten durchgehen und trotzdem meinen, alle Aufmerksamkeit müsse auf sie gerichtet sein. Dann gibt es aber auch dieses scheue, zarte Mädchen mit dem olivfarbenen Teint und dem dunklen glänzenden Haar, die mit ihren Eltern vor gar nicht langer Zeit als Flüchtling gekommen ist, dauernd weint und kein Wort zu verstehen scheint. Manche von Max' Klassenkameraden können einen Bleistift nur mit sehr ungelenken Fingern halten. Anderen ist beim Schreibenlernen fad, weil sie schon längst lesen können. Einige schaffen es noch immer nicht, ihren Toilettengang einzuteilen und ausschließlich in der Pause zu absolvieren. Manche können sich nicht in geraden Sätzen ausdrücken, selbst wenn Deutsch ihre Muttersprache ist, während andere bereits in der Lage sind, differenzierte Diskussionen zu führen und eigene Gedanken zu entwickeln. Denen ist dann permanent langweilig, was natürlich zu zahlreichen, nicht immer erwünschten Nebenbeschäftigungen führt. Eine andere Gruppe, die zwar bereits hier geboren wurde, aber dennoch ganz anders zu leben scheint, hat sich wiederum eine sehr eigenwillige Interpretation von Grammatik und Satzbau zu eigen gemacht. Dann ist da auch noch Katja, deren plötzliche

Wutausbrüche keinem erklärbaren Muster zu folgen scheinen, einige, die partout dauernd schwatzen oder rausgehen wollen, und andere, die gerne vor sich hin träumen und ständig die Lehrerin brauchen, um bei der Stange zu bleiben. Apropos Lehrerin: Die hat den klaren Auftrag, jedes Kind individuell zu fördern, wobei es jetzt allerdings gilt, sogenannte objektivierbare Leistungsziele zu erreichen.

Ein wirklich spannendes Angebot, dieses pluralistische multikulturelle Klassenzimmer, in dem Kinder mit unterschiedlichstem sozialem, ethnischem, kulturellem, religiösem Hintergrund und aus in ihrem Weltbild äußerst unterschiedlichen Elternhäusern zusammenkommen. Max und Anna erleben sehr viel Neues. Manchmal ist das auch ganz schön verwirrend, und richtig heimelig und ruhig, was die Konzentration fördern würde, die vielen so schwerfällt, ist es in ihrem Klassenzimmer nie wirklich für längere Zeit. Dafür dürfen sie im Durchschnitt viel länger in der Schule sein als die Generationen vor ihnen. Über die Mittagszeit gibt es vielleicht einen Freigang in den Schulhof oder den angeschlossenen Sportplatz, aber Möglichkeiten für einen kurzen privaten Rückzug, um wieder zu sich zu kommen, sind sicher nicht vorgesehen. Das heißt, sie dürfen nie auch nur eine Viertelstunde für sich sein und Ruhe haben. Seltsam, wissen die Erwachsenen, die dieses Schulmodell geplant haben, ihrerseits doch nur allzu gut, wie wichtig so eine kleine Insel für sie selber ist. Vielleicht bekommen Max und Anna ihr Mittagessen sogar ins Klassenzimmer serviert, wenn die Schule baulich nicht auf die neue Linie der Ganztagsbetreuung ausgerichtet ist. Wieder ein Beispiel dafür, dass unserer Gesellschaft ihre Kinder nicht viel Investition Wert sind, denn dass die architektonische Gestaltung von Raum und damit Gebäude auf den Menschen zurückwirkt, ist hinlänglich bekannt. Das würde allerdings bedeuten, dass wir ein wenig Geld in die Hand nehmen müssten, um diesen Lebensraum Schule unserer Kinder wirklich zu einem Lebensraum, der diesen Titel verdient, zu machen.

Egal, Max und Anna hocken in der Schule oder in der Nachmittagsbetreuung und ihre beste wache Tageszeit wird jetzt montags bis freitags größtenteils bereits institutionell verwaltet. Richtig schlau hat das unsere Konsumgesellschaft, die für jedes Schuhband eine Zertifizierung oder ein Gütesiegel erfindet, eingefädelt, denn im Unternehmen Schule werden weder die sozialen Lernprozesse, noch die Abläufe, noch die Befindlichkeit der in diesem System agierenden Menschen, also der Kinder, erhoben. Das ist auch gut so, denn sonst würde sich wiederum zeigen, wie unmenschlich dieses System ist und wie wenig wir trotz aller gegenteiligen Bekenntnisse in unsere Kinder investieren wollen.

Aber es ist auch traurig. Mehr als fünf Jahre habe ich mich mit Schulentwicklern aus allen Teilen der Welt unter der Patronanz der *Marcelino-Botín*-Stiftung mit den Themen »*Innovation in Education*« und »*Creativity in Education*« auseinandergesetzt. Man kann Schule, diese große psychosoziale Plattform der nächsten Generation, nämlich auch zu einem freudvollen Lebens- und Lernraum machen, indem es neben dem Erreichen akademischer Ziele auch darum geht, das eigene Potenzial in der Gemeinschaft und im respektvollen Umgang miteinander zu entfalten. Auch das können Max und Anna natürlich nicht benennen. Sie wissen nicht, dass sie sich in ihrer Schule Tag für Tag an einem wesentlichen Tatort des gesellschaftlichen Betrugs befinden. Aber sie spüren es.

Max, dessen gehaltvolle, laute Selbstinszenierung nach einem Schulwechsel in eine »bessere Schule, wo sie netter mit ihm sein werden« natürlich nicht aufgehört hat, erfährt jetzt, am Ende seiner Volksschulzeit, dauernd Ablehnung. Dass er sich grundsätzlich weigert, sein Haar schneiden zu lassen, das ihm bereits bis über die Schultern reicht, oder ihm wenigstens Form zu geben, hat die Situation nicht verbessert. Dicke Luft, vom Einläuten der ersten Stunde bis zum Moment, wo er seine Hausschuhe endlich wieder einmal gegen die Wand knallen kann, bestimmt seinen Schulalltag und eigentlich gehen ihm so ziemlich alle bis auf seine zwei dicksten Freunde aus dem Weg. Eine ganze Menge Leute aus seiner und den anderen Klassen haben sogar richtig Angst vor ihm und die Lehrerin blickt ihn auch dauernd streng an und sagt: »Max, ich beobachte dich!« Er ist gar nicht gerne in der Schule. Das Ganze irritiert ihn. Die anderen sagen, dass er dauernd im Mittelpunkt stehen will, dass er sich nicht beherrschen kann. Die Mutter von Sergej hat ihn sogar einmal vor der Schule abgefangen und gebrüllt, dass er gefährlich sei. Dabei hatte sich Sergej bloß so eine blöde Platzwunde geholt, als sie sich zankten. Da hatte seine Mama sich dann aber ordentlich ins Zeug gelegt und sich gleich bei der Direktion über Sergejs Mutter beschwert. Die hätte ihn nämlich gar nicht ansprechen dürfen, da er allein war. Der Papa hat dann noch mit dem Anwalt gedroht, und dann war wieder Ruhe.

Trotzdem fühlt Max sich unwohl und ständig ungerecht behandelt. Das macht ihn wütend. Was wollen die eigentlich von ihm? Er macht doch nur das, was seiner Meinung nach richtig ist. Jetzt sind auch noch seine Eltern immer unzufriedener mit ihm. Er kennt sie. Er weiß, wie sie einander ansehen, wenn er wieder einmal so wütend ist, dass er zu Hause etwas auf den Boden werfen oder zertrümmern muss. Früher haben sie immer gelacht und gesagt: »Unser Max, der wird einmal etwas! Der weiß, wie er Aufmerksamkeit bekommt und sich durchsetzt.« Aber jetzt soll er sich ständig zusammenreißen. Oder sie sagen, dass es so nicht weitergehen kann. Gestern wollte ihm die Mama noch zur Strafe sein Handy und seine Spielkonsole wegnehmen, weil sie glaubt, dass er zu viel Zeit mit Computerspielen verbringt und ihn das überreizt. Das hat er sich aber nicht gefallen lassen und sie hat gleich wieder aufgegeben. Und der Papa brüllt ihn in letzter Zeit echt oft an und hat ihm sogar schon ein paar Mal ordentlich eine geschmiert. Obwohl er früher immer gesagt hat, er würde so etwas nie tun, weil doch der Opa so ein Vollidiot gewesen ist, als der Papa ein Kind war.

Eigentlich fühlt Max sich ziemlich im Stich gelassen. Ihm ist, als würden sich seine Eltern auf einmal mit der Schule gegen ihn verbünden. Sie wollen, dass er dauernd lernt. Früher war nur wichtig, dass er Spaß hatte bei dem, was er gerade tat. »Unser Max ist ein aktives Kind. Er soll ruhig alles ausprobieren, was ihm Spaß macht!«, haben seine Eltern immer gesagt, wenn ihn irgendwer kritisiert hat. Mit der Oma hatte es sogar einmal einen Riesenstreit gegeben, als er nach ein paar Klavierstunden keine Lust mehr gehabt hatte und es lieber mit Gitarre hatte probieren wollen. Seine Mama hatte ihm auch sofort eine gekauft. Hatte ihm dann aber auch nicht wirklich Spaß gemacht. Eigentlich macht ihm nur Computerspielen richtig Spaß. Das wollen sie ihm jetzt vergällen, damit er für die Schule übt. »Du weißt ja, Max, dass du im Halbjahreszeugnis lauter Einser haben musst, damit sie dich in dem Gymnasium nehmen, wo du hin sollst. Das ist für deine Zukunft entscheidend«, sagen sie jetzt dauernd. Er kann es schon nicht mehr hören. Der dicke Knoten aus Angst und Wut in seinem Bauch wird immer größer. Seine Mama wirkt dabei völlig verzweifelt und sein Papa droht ihm dann immer, dass aus ihm sonst nichts wird.

Dieser Idiot! Dabei haben sie ihm doch früher all die Computerspiele erlaubt. Der Papa war sogar stolz darauf, dass sich Max so gut im Internet auskennt und dass er sich Spiele auch auf halb legalem Weg herunterladen kann. Jetzt ist das alles plötzlich nicht mehr in Ordnung. Filme für seinen Papa darf er aber schon noch herunterladen. Irgendwie kann man den Eltern nicht mehr trauen. Sie stehen nicht hinter einem, sind falsch, echte Verräter. Am besten, er erzählt ihnen möglichst wenig.

Wenn Max mit seinen zehneinhalb oder elf Jahren jetzt für den nach allgemeinem Dafürhalten entscheidenden Schritt seiner Bildungskarriere, den Übertritt ins Gymnasium, bereit ist, hat er oder Anna bereits ein recht solides Wissen über die Welt um sich herum entwickelt. Beide haben entweder einen eigenen Fernseher oder ein Smartphone mit Internetzugang oder auch beides. Vielleicht auch einen eigenen Computer, natürlich auch mit Internetzugang. Max nennt ganz sicher schon seit Langem eine Spielkonsole sein Eigen. Für einen ständigen Strom an Informationen und Spielvergnügen ist also gesorgt.

Auch wenn sie beide, da sie ja noch Kinder sind, wenig biologische und noch viel weniger persönliche Erfahrungen zum Thema Mann-Frau machen konnten, verfügen Max und Anna mit hoher Wahrscheinlichkeit bereits über detaillierte Kenntnisse der für unsere Kinder unverzichtbaren, segensreichen pornografischen Rollenvorgaben für Männer wie für Frauen. Damit alle gleich von Anbeginn richtig eingeordnet werden. Für Max ist es darüber hinaus etwas wahrscheinlicher als für Anna, wenn auch für beide leider nicht unwahrscheinlich, dass er sich dank Internet – das ja weder moralisch noch unmoralisch, sondern einfach amoralisch und somit Gott sei Dank »frei« ist – auch bereits ein Grundwissen samt Anschauungsmaterial über »extreme und ausgefallene Sexualpraktiken« angeeignet hat. Dabei lastet auf dem männlichen Geschlecht nach wie vor ein gesellschaftlich höherer Aktivitätsdruck. Das alles passiert natürlich, ohne dass es die Eltern von Anna oder Max für möglich halten. Sie wissen zwar, dass es so »schlimme Dinge« in anderen Familien und bei anderen Kindern gibt, ziehen es aber vor, mit naiver Hilflosigkeit auf jene Internetsperren zu vertrauen, die ihre Kinder vor ihren Augen umgehen. Abgesehen davon, es gibt ja mehr als den heimischen PC, sei hier hartnäckigen Zweiflern ins Stammbuch geschrieben!

Das Wegschauen und Verleugnen hat allerdings meist ein Ende, wenn Max Pech hat und auf ein Snuff- oder Exekutionsvideo stößt oder auf seinem Bildschirm mitverfolgt, wie winzige Katzen in Glasflaschen gepresst werden. Das führt meist zu bösen Träumen oder zu echter Verstörung, da seine Seele zu diesem Zeitpunkt leider noch nicht abgehärtet genug – oder sollte man vielleicht besser sagen: verhärtet – ist, um mit diesen Bildern klarzukommen. Da muss man als Therapeutin dann den gesamten Werkzeugkoffer auspacken und hat lange zu tun, um das kindliche Fahrgestell und die Spurstange wieder auf Kurs zu bringen.

Anna ihrerseits bewegt sich auch recht gerne im Internet, ist aber meistens lieber und genauso ausgiebig wie Max mit der kreativen und kommunikativen Verwendung von Elektronik beschäftigt. Über Stunden können da virtuelle Puppen an- und ausgezogen werden. Mit Haarfarben und Frisuren lässt sich nahezu unbegrenzt spielen und die zur Verfügung stehenden Accessoires würden einen eigenen Wandschrank füllen. Ganz zu schweigen von der Auswahl an Schuhen und Handtaschen ... Das Ganze ist natürlich auch besonders lehrreich! Anna lernt, das anorektische Ideal von gesellschaftlich erwünschter Weiblichkeit zu verinnerlichen, dass es also jenseits von Konfektionsgröße 32 kein erstrebenswertes Leben gibt und der sogenannte »Outlook« für die Selbstdefinition die fundamentalste Konstante ist – und das oft mehrere Stunden täglich. Die Folgen sind dann in den Körperbildstörungen jugendlicher Mädchen abgebildet. Damit Anna sich mit ihrer späteren Freundinnenclique auch wirklich jeden Moment über ihr Aussehen und jede momentane Regung austauschen kann, übt sie sich natürlich auch in der Eroberung von sozialen Plattformen und postet ihre ersten Bilder, die hoffentlich genügend »Likes« einbringen.

In puncto Familienleben sind mittlerweile alle vor allem mit sich selbst beschäftigt und vielfach in den Modus einer Wohngemeinschaft von zwei Erwachsenen und ein bis zwei Kindern eingetreten. Die Eltern stehen unter dem Druck, genug Wirtschaftsleistung zu erbringen, um sich all die Konsumgüter und Freizeitaktivitäten, die ihren Status bestätigen sollen, leisten zu können. Das braucht man heutzutage zuallererst für sich selber und die eigene Glaubwürdigkeit vom gelungenen Leben und dann natürlich noch für die anderen, die das sehen und einem bestätigen sollen. In ihrer kargen Freizeit müssen Kinder betreuende Erwachsene, also Eltern, beständig auch noch ihre Individualität weiterentwickeln, damit sie das Gefühl haben dürfen, »aus ihrem Leben etwas gemacht zu haben«. Dass sie dabei auch noch möglichst jung und entspannt wirken müssen, versteht sich von selbst. Da dies leider nicht so einfach ist, wie in Talkshows und Werbung propagiert, und leicht zu Unzufriedenheit führt, hat sich hier ein interessanter Nebenmarkt für die Schönheits- und Psychoindustrie eröffnet.

Abendliche Familienessen bestehen meist aus Halbfertig- oder Fertig-produkten, ein wirkliches Miteinander oder ein tieferer Austausch kommen kaum zustande. Das stört zu diesem Zeitpunkt auch keinen mehr, weil die Eltern schon vergessen haben, dass es auch anders ginge, und Max oder Anna es gar nicht anders kennengelernt haben. Es ist ohnehin jeder entweder mit »seinem Ding« beschäftigt oder es gilt, Alltagsprobleme zu regeln. Diese Situation ist dann auch oft der Ausgangspunkt dafür, dass Max oder Anna es vorziehen, sich mit einer Pizzaschnitte in ihr Kinderzimmer zu verziehen, um sich an den Computer zu setzen, statt sich über die Schule ausfragen zu lassen. Wenn sie schlau genug sind und anmerken, dass sie »für die Schule zu lernen hätten«, sind auch jene Eltern von ihrer Verantwortung entlastet, die Pflichtbewusstsein zur Anteilnahme am Leben ihrer Kinder verspüren.

Wenn Max oder Anna Pech haben, was für einen von ihnen heute relativ wahrscheinlich ist, so hat sich bei ihren Eltern im Laufe der Zeit oder auch recht plötzlich eine sogenannte »unüberbrückbare Zerrüttung« ihrer Beziehung eingestellt. Die Motive dafür sind von Paar zu Paar sehr unterschiedlich und früheren Generationen mag die Begründung, dass sich eine moderne Ehe »entliebt« und der Entsorgung zugeführt wird, bisweilen durchwegs lächerlich vorkommen. Allerdings sind die erwachsenen Vertreter unserer Gesellschaft in Spiegelung der geltenden Gesellschaftsnormen natürlich frei, das selbst zu definieren, und Max oder Anna haben da logischerweise kein Vetorecht. Die hängen da einfach mit drin, wie die Mitglieder einer Expedition, die sich auf ihre Führer verlassen müssen. Wenn die Atmosphäre daheim bereits dermaßen vergiftet war, dass Max oder Anna die meiste Zeit sowieso lieber außer Haus oder in ihren Kinderzimmern verbracht haben, kann dieser Schritt sogar eine Erleichterung sein. Er könnte der Dreh- und Angelpunkt sein, um endlich vernünftige neue Lebensbedingungen zu schaffen, solche, in denen sich wieder frei atmen ließe. Das ist zumindest der theoretische Ansatz.

Max und Anna scheinen es im Allgemeinen jedoch besser zu wissen. Es fällt ihnen schwer, darauf zu vertrauen, dass ihre Eltern, die ja beständig streiten, es nach der Trennung schaffen können, die Situation derartig zu gestalten, dass Max oder Anna zu beiden Elternteilen noch eine gute Beziehung weiter entwickeln können. Wenn nicht gerade massive Gewalt im Spiel ist, wehren sie sich gegen diesen Schritt der Familienzersägung, der plötzlich von ihnen verlangt, mit ihren Eltern, die bisher beide täglich für sie da waren, jetzt nach einer für sie fragwürdigen äußerlich vorgegebenen Kontaktregelung leben zu müssen. Kein Wunder, dass Max und Anna bei der Trennung oder Scheidung ihrer Eltern Verhaltensauffälligkeiten und alle möglichen anderen Anzeichen von gravierendem Stress an den Tag legen. Die wenigsten Eltern schaffen es, eine für die Kinder gute Lösung zu finden. Auf dem Papier zwar oft einvernehmlich, in der Realität aber nur zu oft das genaue Gegenteil davon, bleibt jeder Wechsel von der Mutter- in die Vaterwelt für Jahre stressbeladen und im schlimmsten Fall eine immer wiederkehrende unselige Reinszenierung des elterlichen Konflikts. So schön die gemeinsame Zeit mit dem Elternteil ist, der plötzlich eine untergeordnete Rolle spielt – entweder, weil er in diese gedrängt wurde oder weil er sie bereitwillig einnimmt –, so ist doch jede Begegnung mit ihm, wenn der elterliche Konflikt nicht wirklich gelöst, sondern bloß einzementiert wurde, schwer belastet.

Wenn Max und Anna wirklich großes Pech haben, enden sie sogar als Kampfobjekte im Obsorge- oder Kontaktrechtsverfahren zwischen ihren Eltern. Eine Situation mit dem Potenzial, aus einer Lebenskrise eine Lebenskatastrophe zu machen, zumindest für die Kinder. Denn Eltern stehen nach so einem mit erbarmungsloser Härte geführten Ringkampf, der häufig beide wirtschaftlich und emotional zu Boden zwingt und drei, vier, ja sogar fünf, sechs Jahre oder noch länger dauern kann, am Ende wieder auf, klopfen sich den Staub aus den Kleidern, mustern ihre Blessuren, grinsen mit eingeschlagenen Zähnen schief in den Spiegel, ziehen Bilanz und erklären sich selbst und jedem, der es noch hören will, dass die letzten paar Jahre wirklich die beschissensten ihres Lebens gewesen seien.

Für die Kinder handelt es sich im Gegensatz zu ihren Eltern allerdings bei diesen letzten paar Jahren bisweilen schon rein numerisch um ihr halbes Leben, manchmal auch um das ganze, wenn man die erinnerungsfähige Zeit zum Vergleich heranzieht. Ein Leben im psychosozialen Krieg mit allen damit verbundenen prägenden Erfahrungen und Wahrheiten liegt dann hinter ihnen. Unter dem Schlagwort »Kindeswohl« werden erbitterte Schlachten um Väter- versus Mütterrechte geschlagen, oft mit dem Ziel, das Gegenüber, das doch Max' oder Annas Vater oder Mutter ist, zu vernichten. Die zwistaffinsten Sekundanten aus der advokatischen Branche sind bei diesem Unterfangen angeblich die beste Wahl. Kein Kind würde so entscheiden und lieber Ausgleich, Versöhnlichkeit und Kooperation fordern. Doch Max oder Anna werden hier nicht gefragt. Sie dürfen inzwischen ihre Nachmittage bei einem Kinderbeistand verbringen, in einer Trauergruppe bunte Bilder malen und andere Kinder treffen, denen es genauso geht. Und wenn der Wahnsinn, der ihr Leben während des laufenden Verfahrens beherrscht, in ihrer Seele bereits deutlich sichtbare Spuren hinterlassen hat, gehen sie an ihrem letzten freien Nachmittag noch zur Psychotherapie. Auch den Richtern geht es nicht besser. Sie müssen auf ihr Verfahren achten, alles pflichtgebunden und den Verfahrensanforderungen gerecht durchexerzieren, sonst wird ihnen im sowieso interpretationsoffenen Familienrecht gerne von den irrational agierenden Parteien das Leben schwer gemacht.

»Was ist das eigentlich für ein Staat«, hat mich ein Zwölfjähriger, den wir hier Max nennen wollen, einmal gefragt, »der nicht versteht, dass ich meinen Papa und meine Mama gleich lieb habe und beide gleich viel sehen will? *Ich* habe ja kein Problem mit meinen Eltern.«

Selten kann ein Kind so präzise ausdrücken, was sich hier am Tatort Gericht unter Mitwirkung aller Beteiligten als Verrat am Staatsbürger Kind zuträgt. Von den Auswirkungen bleibt kein Kind verschont! Dass dieses Erleben einer strittigen Familienrechtssituation als Kind in der Ausgestaltung des gerade im Aufbau befindlichen Weltbilds, der Entwicklung von Rollenidentität und Umgangskultur und bis hinein in Grundbereiche wie der Vertrauensfähigkeit und Beziehungsfähigkeit zu anderen Menschen sowie auch Institutionen und dem Staat als Ganzen, ihren Niederschlag findet, sollte dabei jedem eigentlich klar sein. Dabei ist das, was der zwölfjährige Max wollte, doch sonnenklar und einfach zu verstehen. Lügt mich nicht an, lautet sein Appell. Schreibt Kinderrechte nicht auf ein Papier, sondern lebt sie. Setzt es im Fall der Trennung meiner Eltern doch so auf, dass ich weiterhin ungehinderten und gleichwertigen Zugang zu Papa und Mama habe. Ihr sogenannten Erwachsenen – sorgt doch verflixt noch mal dafür, dass alles friedlich und damit alltagstauglich abläuft. Und zur Not diszipliniert meine Eltern, nicht mich! Sonst haben sich nämlich nur die Erwachsenen mit dieser Trennung ihre »Freiheit« auf meinem Rücken erkauft!

Egal, ob Max oder Anna in ihrem bisherigen Leben von einem Scheidungskrieg ihrer Eltern verschont geblieben sind und ihn nur anhand des Schicksals einer Cousine oder eines Freundes mitverfolgt haben, die Zeit rund um die beginnende Pubertät ist eine seltsame, neue Ära. Vieles, was schon in den Vorjahren leise und unsichtbar anhand täglicher Abläufe angelegt wurde, fügt sich nun zu einer neuen schillernden Blüte zusammen. Der Selbstständigkeit!

Unsere Kinder sind viel früher selbstständig als frühere Generationen, so verkünden unsere Gesellschaft gerne lautstark auch medial. Der Unterton zeugt von Stolz und nur Nostalgiker, die sofort in den Verdacht geraten, ihren Kindern weder Freiheit noch eigene Entwicklung zu gönnen, erinnern sich rührselig an die ersten Kinderschuhe von Max und Anna.

Aber Max und Anna waren immer schon ziemlich allein und auf sich gestellt, nicht nur in der Kühle der institutionellen Betreuung oder zu Hause. Was sich nun ändert, ist, dass sie jetzt weggehen und nicht mehr zu Hause bleiben. Das nennen wir dann Selbstständigkeit! Das ist in allererster Linie praktisch für alle Beteiligten und wird von gewissen Teilen der Gesellschaft – nämlich jenen, die mit unseren unmittelbaren Konsumbedürfnissen Geld verdienen – durchwegs begrüßt. Denn wer unterwegs ist, muss sich selbst versorgen und kommt mit allem, was die Begehrlichkeits- und Unterhaltungsindustrie so zu bieten hat, viel direkter, sozusagen mit allen Sinnen, in Berührung. Kein vernünftiger Zwölfjähriger geht mehr freiwillig in die Nachmittagsbetreuung! Und für das Familienbudget wirkt der Wegfall der nachschulischen Tagesbetreuung zumindest vordergründig auch entlastend. Außerdem will sich keiner länger als unbedingt nötig in der Schule aufhalten, denn dort herrscht laut Auskunft zahlreicher Pädagogen und Schüler, was den sozialen Umgang miteinander anlangt, an vielen Standorten so und so Krieg. Dazu kommt ein erbarmungslos erlebter Leistungsdruck um Schulnoten in Stoffgebieten, die für das zukünftige eigene Leben kaum ausreichend praktisch relevant sind und der die Lüge von der freien Entfaltung schon längst entlarvt hat.

Der Tatort Schule gibt vor, etwas zu sein, was er nicht ist. Sozialkompetenz ist ein Fach, respektvoller Grundumgang eine leere Worthülse. Davon kann Anna, die wieder einmal durch eine Facebook-Kampagne einiger Gegnerinnen gemobbt und auf dem Weg zur Toilette von einem Jungen als »Fotze« bezeichnet wird, ein Liedchen singen. Und die Schule ist machtlos, schaut lieber weg oder setzt selbst auf autoritäres Gehabe, statt auf die im Unterricht vermittelte offene Diskussionskultur. Ganz und gar ein prächtiges Lehrstück in respektvoller Konfliktresolution und Lebensschule haben wir da wohl in manchem Schulalltag vor uns! Das ist ungefähr genauso glaubwürdig wie der ganze Zirkus rund um gesunde Ernährung. Die grauen Dosenerbsen beim Mittagessen bringt man ja doch nur dank der Belohnung beim Süßwarenautomat im Speisesaal runter.

Wozu soll ich blödsinnige Fakten lernen, wo ich mit meinem Handy in Sekundenbruchteilen mehr Wissen abrufen kann, als ich in mein Hirn je hinein strebern kann? Solche Fragen stellt sich Max. Schule betrügt! Will sich selbst nicht verändern und sollte uns doch das beibringen, was wir wirklich für unsere Zukunft brauchen: Wie erkennt man Strukturen in dieser Welt? Wie erfasst man Muster? Wie verwaltet man Wissen und wie filtert man es sinnvoll aus dem Überangebot heraus? Wie bildet man ein Team? Wie lernt man, abwechselnd Führung für ein gemeinsames Projekt zu übernehmen, statt auf Konkurrenz dressiert zu werden? Wie wird man ein reflektierter, kooperativer Arbeitskollege und Mensch? Wie lernt man, die Angst vor Überfremdung – nicht nur in einem Klassenzimmer – zu überwinden? Wie geht man mit Pluralismus und Multikulturalität in gelebter Form um? Wie entwickelt man die notwendige Offenheit, um immer wieder mit neuen Menschen zusammenarbeiten zu können? Wie lernt man, sein Kompetenzprofil den wechselnden Anforderungen entsprechend umzugruppieren? Das sollten sie uns lehren! Sie sollten uns eine wirkliche Bildung ermöglichen! Aber wahrscheinlich wissen sie selbst nicht, wie das geht. Oder wir sind ihnen egal. Sie wollen nur ihr eigenes bequemes Ding machen, so wie immer, auch wenn es um unsere Zukunft geht.

Max' und Annas Liste wäre lang! Sie spüren, was sie wirklich brauchen, können es aus ihrer Position heraus aber nicht formulieren.Doch sie fühlen den Betrug ganz deutlich! Was bleibt, sind Groll und Autoritätsverweigerung, die so manchen nach Erfüllung der allgemeinen Schulpflicht zur Verzweiflung der Eltern in eine widerständige Chiller-Existenz treiben, womit natürlich auch nichts gewonnen ist.

Wenn Eltern zu diesem Zeitpunkt dann verzweifelt die Notbremse ziehen wollen, müssen sie oft feststellen, dass es diese in diesem Zug gar nicht gibt, ja, dass es noch schlimmer kommt. Ausgerüstet mit dem äußeren porösen Panzer einer Selbstständigkeit, die kaum Voraussicht kennt, sitzen die Kinder schon längst in einem anderen Zug, in einem, dessen Reise bereits weit weg aus dem Zugriffsbereich der Eltern geführt hat. Verwirrt, in seiner Grundstimmung zumeist wütend und für seine Eltern unerreichbar, bewegt sich dieser Max, äußerlich nun schon beachtlich groß gewachsen, durch seinen Alltag. Auch bei Anna ist aus Reizbarkeit, die leicht von Unzufriedenheit und trüber Stimmung begleitet wird, eine Festungsmauer errichtet. Es gehört in dieser Phase zu den Verzweiflungsmaßnahmen von Eltern, einen Familienausflug vorzuschlagen, um damit eine Rückbesinnung auf familiäre Gemeinsamkeit zu erreichen. Doch weder Max noch Anna können der ausgemalten Schönheit eines Blicks vom Gipfel einer gemeinsam erwanderten Aussichtswarte hinunter ins freie sonnenbeschienene Land zu diesem Zeitpunkt noch etwas Nennenswertes abgewinnen. Natur ist noch dazu meist ein sehr künstliches Konzept für sie. Wenn sie nicht gerade die Hintergrundkulisse für irgendeine sportliche Aktivität abgibt, verfügen sie kaum über nennenswerte Begegnungserfahrung mit dem offenen Gelände. Sie haben kaum den Verlauf der Jahreszeiten bewusst erlebt, Pflanzen oder Tiere beobachtet, haben die Natur nicht berührt und sind leider auch nicht von ihr berührt worden. So gut die Idee mit dem Ausflug ist, sie schlägt keine innere Glocke mehr an, kommt vielfach zu spät.

Die Gespräche mit den Eltern waren immer schon dünn. Jetzt kommen sie meist völlig zum Erliegen. Wenn Eltern nun insistieren wollen, schlagen ihnen Max und Anna die Kinderzimmertür lautstark vor der Nase zu. Wenige Eltern bleiben dann lange genug davor stehen. Anna oder Max kommen auch nicht wie früher nach einer Weile heraus, um sich zu entschuldigen, sondern nur, um sich eine Pizza zu holen oder um wegzugehen.

Doch wo gehen Max und Anna hin, wenn sie dann draußen vor der Tür stehen, mit viel Wut im Bauch und diesem anderen so ziehenden Gefühl, einer Sehnsucht nach Wärme und Sicherheit in der Brust?

Peergroup – Ersatzfamilie mit Eigenheiten

Jeder Mensch sucht Bindung und Beziehung, braucht Bindung und Beziehung, um ein sinnerfülltes Leben führen zu können. Das Ich entwickelt sich an der Grenzlinie zum Du, allein schon deswegen, weil der ganze biologische Apparat unserer Wahrnehmung auf der Feststellung von Unterschieden basiert. In der Regel brauchen wir dafür andere Menschen oder in Notzeiten, wenn der Kontakt mit anderen Menschen rar ist oder gefährlich erscheint, zumindest ein Tier, mit dem wir in engen Austausch treten können. Nur wenige Menschen schaffen es, sich ausschließlich einer abstrakten Idee hinzugeben und trotzdem in echter Lebensbalance zu bleiben.

Auch wenn sie bereits eine Menge Erfahrungen und Botschaften zum angeblichen Funktionieren dieser Welt gesammelt haben und sie aus diesem Untergrund unbewusster Überzeugungen und Glaubensgrundsätze bereits ein erstes Leitsystem entwickelt haben, stehen Max und Anna noch ziemlich am Anfang ihres Lebens. Ihr großes Thema wäre jetzt, echte persönliche Autonomie zu entwickeln – mit einem Elternhaus, das ihnen einen stabilen Rahmen gefühlter Sicherheit gibt, und in einer Gesellschaft, die ihre Verletzlichkeit noch schützt. Doch die Gesellschaft ist kalt und hat sie bereits in die Selbstständigkeit entlassen, will sie als erwachsene, funktionierende Konsumenten ansprechen. Und das Beziehungsgeflecht innerhalb der Familie, von der es jetzt doch gilt, sich zu emanzipieren, ist dünn. Die Liebe ist eine Metapher, die sich in – von den Eltern oft mühsam erarbeiteten – Konsumgütern zu repräsentieren versucht und nicht in einer alltäglichen, unspektakulären, aber so wärmenden und verbindenden Anteilnahme aneinander. Weder gibt es das Ritual einer täglichen gemeinsamen Mahlzeit oder geteilter Haushaltaktivitäten, noch eine Tradition von vertraulichen Gesprächen. Und auch der Erinnerungsschatz gemeinsamer, geteilter

Augenblicke ist überblickbar. Weder gab es ausreichend Zeit, gemeinsam die Natur zu erleben, ein langsames gemeinsames Beobachten eines Bachs zu genießen, noch die geteilte Rührung angesichts eines Vogels, der seine Jungen füttert. Für all das ist in einer urbanen, zunehmend aber auch in einer ländlichen Umgebung kein Raum mehr. So etwas gilt als langweilig, als Beschäftigung für Exzentriker, die keine Ahnung haben, wie man einen Laptop bedient, oder für die paar wenigen, denen Computerspiele oder die virtuellen Angebote eines »Second Life«, in dem man per Mausklick endlich der sein kann, der man im echten Leben nie sein wird, nichts bedeuten.

Max und Anna sind also sehr allein, obwohl sie das selbst gar nicht so benennen könnten. Schließlich haben sie es nicht anders kennengelernt. Trotzdem ist auch in ihnen dieses rasende nagende Bedürfnis nach anderen Menschen. Wo gehen Max und Anna also hin, wenn sie die Tür zum elterlichen Haus oder Wohnung wieder einmal mit dieser Sicherheit, sich hier nicht zu Hause zu fühlen, mehr oder weniger laut oder auch ganz leise und selbstverständlich zugeschlagen haben. Sie gehen zu ihrer Peergroup! Ist ja doch wohl logisch. Daran ist ja wohl auch bitte nichts auszusetzen. Waren Freundschaften für frühere Generationen in ihrer Jugend nicht auch sehr wichtig? Ob das jetzt Freundeskreis, Clique oder Peergroup heißt, kann doch egal sein. Das könnte es auch, wenn die heutige Peergroup nicht ihre ganz eigenen Gesetzmäßigkeiten hätte.

Jenseits des Großen Teichs hat man das bereits mit Besorgnis erkannt, und die Konsequenzen, die dieses aus den Fugen geratene Soziallabor namens »Peergroup« für die Heranwachsenden hat, geben auch wirklich Anlass dazu. Zumindest all jenen, die sich mit dem Thema kulturelle Normenentwicklung und Wertetransfer zwischen den Generationen beschäftigen. Es hat nämlich ganz den Anschein, als wäre hier eine entkoppelte Gesellschaft am Entstehen, als würde die alte Regel vom vertikalen Wertetransfer von einer Generation zur nächsten, die unsere gesamte Existenz als Menschheit im Sinne eines kontinuierlichen Entwicklungsprozesses bestimmt hat, zugunsten eines horizontalen Wertetransfers in der Peergroup durchbrochen werden. Die Peergroup hat in anderen Worten die Macht, das Rad der Kultur neu zu erfinden. Das klingt nach einer Revolution. Wie konnte es dazu kommen?

Wenn ein Jugendlicher seinen Freundeskreis, seine Clique oder seine Peergroup hat, so definiert sich das in allererster Linie durch ein Gefühl von Zugehörigkeit zu diesem Kreis und durch Abgrenzung gegenüber dem Rest der Welt. Diese Zugehörigkeit verleiht ein Gefühl von Sicherheit und Bedeutung, ja Stärke oder unter gewissen Umständen sogar Macht. Hier kann man sich endlich verstanden und angenommen, so richtig geborgen und zu Hause fühlen. Hier bekommt man auch den sozialen Feinschliff für den Umgang miteinander und kann männliches und weibliches Rollenverhalten trainieren.

So weit, so gut! Das haben wir alle gemacht und es scheint durchwegs sinnvoll zu sein. Rein äußerlich findet sich also kaum ein Unterschied zwischen der Clique früherer Generationen und der modernen Peergroup der Jugendlichen von heute, die mit ihrer sexy Aufmachung und ihrem erwachsenen Gehabe mindestens so alt wirken wie früher die sechzehn-, siebzehnjährigen, auch wenn sie erst zwölf oder dreizehn, maximal vierzehn sind.

Allerdings sind sie eben auch weitaus weniger reif und ihr gerade im Umbau befindliches pubertierendes Hirn ist besonders empfänglich dafür, neue Verhaltensweisen und Normen auszuprobieren und zu akzeptieren, ohne dabei durch eine diesen Spaß einschränkende Voraussicht der Konsequenzen im Handeln beeinträchtigt zu werden. Diese entwickelt sich hirnorganisch erst in späteren Jahren. Das mag auch erklären, warum es, wenn zweifelhafte Rudelführer in der Gruppe das Sagen haben, zu Nachmittagsbeschäftigungen aus dem Bereich der Mutproben kommen kann.

Annas Eltern stehen dann nach der Entgiftung ihrer eigenen Tochter fassungslos an deren Krankenbett, weil diese mit ihren Freundinnen eine Art Pokerspiel mit aus dem Arzneischrank geklauten Tabletten veranstaltet hat.

Wie konnte das Kind nur eine solche Dummheit begehen? Sie ist doch sonst so ein so vernünftiges, reifes Mädchen und wirkt schon richtig erwachsen! Wieso hat sie denn nicht an die möglichen Konsequenzen gedacht? Doch das eigentliche Problem mit der Peergroup reicht viel tiefer. Das stellt sich heraus, wenn Annas Eltern so alarmiert sind, dass sie ihrer Tochter den Umgang mit dieser Katja, die den ganzen Wahnsinn mit den Tabletten ausgeheckt und die anderen mitgerissen hat, verbieten wollen. Oder wenn Max' Eltern seine Freunde Paul und John am liebsten aus der Umgebung ihres Sohnes verbannen wollen, weil besinnungsloses Saufen, wie es die beiden so gerne betreiben, nicht die Art von Freizeitbeschäftigung ist, die sie sich für ihren Sohn vorstellen. Dann erleben sie nämlich eine herbe Enttäuschung. Ihre Autorität, die ultimative Stichkarte, zieht nicht mehr. Vor die Wahl zwischen Elternhaus und Peergroup gestellt, entscheiden sich immer mehr Jugendliche in der Zeitspanne eines kühlen Wimpernschlags für die Peergroup.

Diese Erfahrung des Entgleitens der eigenen Kinder, der vorzeitige Verlust der Leitungsautorität läutet die Götterdämmerung der Beziehungsentkopplung zwischen Eltern und Kindern ein. Das geht mit einer abnehmenden Verbindlichkeit und emotionaler Abkühlung bis hin zur Abwendung einher. Verursacht und zugleich ermöglicht wird das dadurch, dass Max und Anna ihr Bedürfnis nach tiefen, emotionalen Primärbeziehungen still und leise von ihren Eltern auf die Mitglieder der Peergroup – mit besonderer Bevorzugung der Leitfiguren – übertragen haben. Ihnen fühlen sie sich jetzt verbunden, ihre Meinung zählt, ihr Rat gilt, ihre Weltsicht und Interpretation von Situationen ist die richtige, ihre Wahrheit ist verbindlich und es gilt, den von ihnen geprägten Umgangscode zu verinnerlichen. Das geht bis zur Bereitschaft, ihre Befehle und Weisungen kritiklos entgegenzunehmen. Und das alles für das bitter benötigte Akzeptanz- und Zugehörigkeitsgefühl.

Die Eltern sind out, mutieren bereits jetzt und viel zu früh zu Randfiguren, lästig, aber noch nötig und ganz sicher verpflichtet, die wirtschaftlichen Bedürfnisse zu bedienen. Die ganze Szene gleicht der Situation einer Bergwanderung, bei der unerfahrene Hallstuhltouristen die Sicherheitsleine, die sie mit dem erfahrenen Bergführer verbindet, kappen und sich einem von ihnen anvertrauen, auch wenn er sie auf abwegiges Gelände führt. Der Umgangston ist großspurig und rau, die im Dunkel aufsteigende Angst wird mit übertriebener Gestik und mit lautem Grölen überspielt und wie immer pfeifen die furchtsamsten Jungen im Wald am lautesten. Das Bedürfnis nach Akzeptanz bei den einen und jenes nach Macht bei den anderen halten einander die Waage. Max und Anna finden hier schnell die Bestätigung für das, was sie schon seit Langem vermutet haben: Die Welt ist ein harter, kalter Ort! Du musst schlau und schnell sein, cool und hart, musst perfekt aussehen, möglichst nichts fühlen und andere dominieren. Am besten, du schaust immer nur auf dich selber – *fuck the others*. Ganz oben auf der Liste jene, die diese Welt zu dem gemacht haben, was sie ist!

▶ *Anna ist ein äußerst attraktives Mädchen. Die dreizehneinhalb Jahre, die diese ätherisch anmutende Nymphe gerade einmal zählt, würde bei ihrer sexy Aufmachung keiner vermuten, aber wahrscheinlich sind Nymphen sowieso durch ihre Schönheit alterslos. Ein makelloser Teint, große, von dunklen Wimpern beschattete Augen und volle Lippen in einem leicht exotisch geschnittenen, harmonisch proportionierten Gesicht verbinden sich zu einer aufregenden Komposition. Auch was ihre hochgewachsene Gestalt anlangt, an der Konfektionsgröße 32 schlottert, ist die Natur sehr großzügig gewesen und hat genau an den richtigen Stellen für gefällige Rundungen gesorgt. Eine echte Prom Queen also, die aus einer der einschlägigen Highschool-Soaps hier in meinem Therapiezimmer einen Zwischenstopp einlegen muss, bevor sie wieder zu ihrer Hauptaufgabe zurückkehrt: sich durch entsprechende Postings und die mühevolle Pflege ihrer Gesamterscheinung der Zahl ihrer Likes zu versichern.*

Es dauert jeden Morgen zweieinhalb Stunden, bis Anna sich als betriebsbereit aus dem Badezimmer entlässt, das hat mir ihre Mutter mit deutlicher Verzweiflung – nicht nur angesichts des eingeschränkten Zugangs der anderen Familienmitglieder zum Bad – erzählt. Es kann vorkommen, dass Anna beim Vorbeigehen am Vorzimmerspiegel von plötzlicher Unzufriedenheit gepackt wird, und sich noch einmal in der familiären Schönheitsfabrik einschließt. Als Sofie in ihrem Waxing-Studio nicht den anvisierten Termin gemeinsam mit ihren Freundinnen bekam, führte die Aussicht, irgendein nachwachsendes Haarlöckchen könnte die unverzichtbare Nacktheit ihrer Scham verunzieren, mitten im Wohnzimmer zu einem Tobsuchtsanfall, der einem unbeherrschbaren Ausbruch des Ätnas glich.

Dass die Schule samt ihren Anforderungen unter diesen Umständen binnen kurzer Zeit zu einer Nebenbeschäftigung geworden war, versetzte ihre Mutter ganz besonders in Alarm. Seit Wochen wurde das familiäre Klima von permanenter Spannung und Kämpfen, unterbrochen von fragilen Waffenstillständen, bestimmt.

Annas Mutter ist verzweifelt und versteht nicht, wie es dazu kommen konnte. Noch vor einem halben Jahr war Anna so fügsam und vernünftig gewesen, hatte die Nachmittage zu Hause über ihren Schulaufgaben verbracht und gewartet, bis ihre Mutter nach der Arbeit mit ihrer jüngeren Schwester von der Nachmittagsbetreuung nach Hause gekommen war. Annas Freundinnen, die ihren Kosmos jetzt zu beherrschen schienen, hatten einen ungesunden Einfluss. Auch wenn es für Annas Mutter lächerlich anmutete, fühlte es sich dennoch ganz so an, als würden ihre Freundinnen Anna der Familie entziehen.

Anna ist da ganz anderer Meinung als ihre Mutter. Deren Verzweiflung lässt sie seltsam unberührt. Jedes Angebot ihrer Mutter, gemeinsam etwas zu unternehmen, lehnt sie konsequent und kühl ab. Sie trifft sich lieber mit ihren Freundinnen, und wenn die Mutter wieder einmal rumzickt, bleibt Anna eben zu Hause und ist mit ihnen per WhatsApp verbunden, denn Ihr Handy bekommt ihre Mutter ganz sicher nicht von ihr. Das käme einer Amputation gleich und wäre auf jeden Fall ein Eingriff in ihre Intimsphäre. Dazu hat ihre Mutter kein Recht. Das haben Anna und ihre Freundinnen alles schon längst recherchiert und nach allgemeinem Dafürhalten wird sich so und so eine Menge ändern, wenn Anna erst einmal vierzehn ist.

Anna streicht sich mit geübter, tausendmal in einer Soap gesehener, ausholender Handbewegung eine lange blonde Locke aus der Stirn. Einen Moment verharrt sie mit der Hand in der Fülle ihres Haars und senkt dabei den Kopf, bevor sie ihn dann in einer kraftvoll angedeuteten Bewegung in den Nacken wirft. Das hat eine gewisse Dramatik. Jetzt kommt noch die Geste der halb vor den Mund geschobenen Hand bei der zwei Finger lasziv und beiläufig mit den Lippen spielen, dann das demonstrative Aufrichten des Rückens und das Vorschieben und in Position bringen der beiden Cappuccino Tässchen großen, perfekten Brüste unter einem engen Top, während dieses glatt gezogen wird.

Anna hat es einfach drauf. Sie weiß, worauf es ankommt. Erstens auf »Outlook« – und in den muss man eben investieren! Und zweitens darauf, dass man bei den Typen cool rüberkommt, wirklich cool. Sich von ihrer Anmache unbeeindruckt geben und dabei immer provozieren! Das ist ihre Formel. »Was habe ich in meiner Jugend nur versäumt«, denke ich mir kurz mit innerem Grinsen, aber ich bin lernfähig. »Die Typen sind so und so alles Schweine«, klärt Sofie mich dann auch noch über ihr Rollenverständnis auf. »Die wollen einen ficken, wenn geht irgendwie auch extrem. Mehr ist da nicht.«

Ich frage jetzt nicht genauer nach, bin mir aber sicher, dass wir uns nun dem eigentlichen Problembereich, dem wirklichen Grund, dessentwegen Sofie doch noch eingewilligt hat, zu mir zu kommen, annähern. All dem selbstsicheren Getue und ihrer zur Schau getragenen

Überzeugung, genau zu wissen, wie es läuft, zum Trotz verbirgt sich hinter dieser Fassade ein sehr fragiles, leicht zu verunsicherndes Persönchen, wie sich rasch zeigt.

Die Herausforderung hat den Namen Amelie. Amelie schaut bei Weitem nicht so gut aus wie Anna, wie sie mich sofort ins Bild setzt. Aber Amelie versteht es, andere zu lenken, und hat Anna ins Visier genommen. Was das bedeutet, wird auch gleich klar. Amelie »bitcht« gegen Anna, und wenn Amelie das tut, tun es auch alle anderen. Und das ist unaushaltbar! Jeder Schultag ist ein einziger Spießrutenlauf. Keine ihrer Freundinnen will mehr mit ihr reden. Sie lassen Anna gegen eine Wand rennen, aber sie tuscheln sichtbar, wenn sie an ihnen vorbeigeht. Sie haben sie auf Facebook geblockt und schicken ihr auf WhatsApp böse Kommentare. Amelie hat sogar einen ganzen Shitstorm gegen sie entfesselt, natürlich so, dass Annas Name nicht erwähnt wird, aber alle wissen, dass es um sie geht. Und alle machen mit, schreiben echt gemeine Sachen über sie, ihre Art, ihr Aussehen. Ausgestoßen aus ihrer Bezugsgruppe fühlt Anna sich einsam und verloren. Allein gelassen in einem kalten Universum.

Anna ist echt verzweifelt. Sie sitzt vor mir und wirkt, als wäre sie am Ende ihrer emotionalen Belastbarkeit. Dabei hatten sie und Amelie doch immer ein so inniges freundschaftliches Verhältnis. Anna hatte Amelie sogar mehr als einmal ihre Loyalität bewiesen und sie gedeckt, wenn es nötig war. Zum Zeitvertreib hatten sie nämlich mehrmals zusammen Kosmetika in Drogeriemärkten gestohlen. Es war eine Art Mutprobe gewesen, die Amelie von ihr verlangt hatte. Nötig hatten sie das nicht, denn beide bedienten sich sowieso mit Kleinbeträgen aus den Handtaschen ihrer Mütter. Anna erzählt das alles ganz offenherzig und ohne jedes Unrechtsbewusstsein.

Es kostete sie Tage, bis sie schließlich herausfand, was Amelies Zorn erregt hatte: Anna hatte es mit einem bestimmten Jungen getrieben, ohne sie, Amelie, vorher um Erlaubnis zu fragen. Dabei hatte Anna von diesem Gebot in ihrer Gruppe zu diesem Zeitpunkt gar nichts gewusst. Das hatte sich Amelie erst im Nachhinein, als es der Junge herumerzählt hatte, ausgedacht. Und darüber war Anna empört! Nicht über das Gebot an sich oder das Verhalten des Burschen. Beides ist normal in Annas Welt. Sowohl dass Amelie die geltenden Normen bestimmt, als auch dass ein Bursche, mit dem man Sex hatte, das zu seiner Selbstdarstellung benutzt. Seither ist Anna verzweifelt bemüht, Amelie zu erklären, dass die neue Gruppennorm zum Zeitpunkt »ihrer Tat« noch nicht gültig gewesen und sie, Anna, somit unschuldig sei.

Mir steigen die Grausbirnen auf! Das Ganze ist ein Lehrbeispiel von Gehirnwäsche und autokratischer Führung. Und wie jeder gute Diktator bleibt Amelie für rationale Argumente, die außerhalb ihrer eigenen Logik liegen, unerreichbar. Sie lässt Anna, die Anerkennung und Akzeptanz so dringend nötig hat und in ihrer Familie keinen sicheren Hafen zu haben meint, einfach zappeln, während ihr ganzer Hofstaat seine eigene Übellaunigkeit am derzeitigen Freiwild Anna auslassen darf.

Ich spreche sie vorsichtig darauf an, ob sie sich in dieser für sie so belastenden Situation nicht vielleicht ihren Eltern anvertrauen möchte. Die Kälte in Annas Blick ist unübersehbar. Ihre Eltern sind für sie Fremde, die in einer anderen Galaxis kreisen. Je mehr Abstand, umso besser. Mit ihrem Vater verbindet sie überhaupt nichts. Ein Volltrottel, der ihre Kindheit mit seinen irren Inszenierungen und dem ständigen Streit mit ihrer Mutter völlig verdorben hat. Er hat ihre Mutter dauernd betrogen und die hat immer alles beschönigt, ihm verziehen und war die ganze Zeit deprimiert gewesen. Das ging jahrelang so. Erst als Annas Mutter herausfand, dass ihr Mann permanent auf Sex-Dating-Plattformen unterwegs war, fand sie die Kraft, sich von ihm zu trennen. Annas Ansicht nach sind beide echte Loser, obwohl ihr Vater Primararzt ist und auch ihre Mutter als Anwältin gut verdient. Den Vater habe sie *kurz nach der Trennung noch einmal bei einem gemeinsamen Urlaub in Griechenland gesehen. Sie erinnere sich gut daran, da er sich dort mit seiner neuen Freundin ordentlich gezofft habe und dann einfach abgehauen sei. Sie und ihre kleine Schwester habe er bei dieser fremden Frau zurückgelassen. Annas Mutter schloss daraufhin einen Deal mit ihm ab: Sie würde ihn dafür nicht anzeigen, er würde aber in Zukunft die Kinder nicht mehr treffen. Das sei ihm wahrscheinlich eh recht, stellt Anna mit Härte in der Stimme fest. Auf jeden Fall möchte sie mit ihm ganz sicher keinen Kontakt mehr haben.*

Ihre Mutter sei einfach total frustriert, ließe niemanden mehr an sich heran und würde sich in ihrer Kanzlei mit Arbeit zuschütten. Dabei tue sie immer so, als sei alles super! Bloße Fassade! Anna kann ihre Mutter überhaupt nicht respektieren. Sie habe einfach keinen Draht zu ihr, beteuert sie mir gegenüber. Ihre Mutter sei wirklich die Letzte, mit der sie reden möchte. Da sei ich ihr noch lieber!

Ich werde bezahlt und man kann mich jederzeit abdrehen, denke ich mir dazu. Annas Mutter ist auf jeden Fall in der Entsorgungslinie geparkt. Noch dazu mache sie in letzter Zeit dauernd Druck. Eigentlich will Anna die Schule überhaupt nur deshalb fertig machen, weil ihre Mutter ihr versprochen hat, ihr dann ein Studium im Ausland zu finanzieren. Anna findet auch, ohne zu erklären warum, dass das »ihr Recht« sei. Was sie denn studieren möchte, frage ich sie. Ob sie etwas hat, für das sie innerlich brennt? So schiebe ich in der naiven Hoffnung, hier einen echten emotionalen Anknüpfungspunkt und Anker finden zu können, noch nach. »Ist doch egal«, ist die Antwort. »Irgendwas halt, irgendein Bachelor, etwas, was einem viel Zeit zum Chillen lässt.« Hauptsache, sie kommt von hier weg, hat Ruhe von ihrer Mutter und eine coole Zeit mit ihren »Friends«. Und jetzt, verdammt noch mal, haben wir schon genug Zeit mit ihrer Familie vertrödelt. Jetzt möchte sie endlich von mir wissen, wie sie Amelie wieder versöhnen kann!

Wie wird die Antwort der Kinder, die von der narzisstischen Gesellschaft betrogen und im Stich gelassen wurden, ausfallen, wenn sie den Kinderschuhen entwachsen sind und anders als mit Verhaltensauffälligkeiten reagieren können? Was für eine Welt werden sie erschaffen? Wie werden ihre sozialen Mechanismen im Umgang miteinander aussehen, wenn Nützlichkeit und Selbstinszenierung die obersten Zielsetzungen sind? Wie viel Platz für die alten Sekundärtugenden, die der Kitt für den Zusammenhalt im gesellschaftlichen Ganzen und zwischen den Generationen sind, wird eine Kultur der Coolness und Unverbindlichkeit lassen? Und wie werden sie das Thema der »Alten« sehen und lösen?

Wenn die Tyrannenkinder erwachsen werden

Eine Welle baut sich auf. Es geschieht langsam und leise während des ganzen Entwicklungswegs dieser Kinder. Alle jene Kinder und Jugendlichen, die sich am Ende ihrer Entwicklung zum Erwachsenen von ihrer inneren emotionalen Verbindlichkeit zu ihren Eltern abgewendet haben werden und diese Haltung oft auch auf das gesamte Gemeinwesen, für das sie keinen Beitrag leisten wollen, übertragen, sind in ihren jungen Jahren mit ihren vielgestaltigen und tyrannischen Auffälligkeiten oft besonders laut. Die meisten ihrer Eltern wünschen sich zu diesem Zeitpunkt von ihnen, dass sie ihnen mehr Ruhe geben und weniger Aufmerksamkeit benötigen, sich mehr mit sich selbst beschäftigen könnten, statt beständig für Aufregung zu sorgen. Sie haben keine Ahnung, dass dieser Wunsch mit und nach der Pubertät oder wenige Jahre später auf bittere und unerwartete Weise in Erfüllung gehen wird. Es ist ein Prozess, der in Phasen kontinuierlicher Enttäuschung abläuft und am Anfang kaum bemerkt wird. Erst wenn die Kinder auffällig zu werden beginnen, zeigt sich bei den Eltern Verwunderung. Sie wird zur Verstörung, wenn die Kinder sich schließlich von den Eltern abwenden. In der gesellschaftlich erwünschten Idealfamilie des 21. Jahrhunderts passiert dies Tag für Tag. Es ist die Antwort all jener Kinder, die von der postmodernen Konsumgesellschaft betrogen wurden. Langsam beginnt sich der Horizont des Lebensabends der heutigen Elterngeneration zu verdunkeln. Der Zahltag ist bereits in Sicht.

▶ *Max wirkt auf mich wie ein lebendig gewordenes Abbild seines Namensvetters aus Wilhelm Buschs berühmtem Werk. Er hat mit seinen elf Jahren auch ungefähr das richtige Alter. Mit verschlossener Miene, die zugleich Widerstand und Provokation ausdrückt, blickt er mich an und wartet darauf, dass ich unsere Konversation eröffne. Er ist gut*

darin, Spannung auszuhalten. Er blinzelt nicht einmal und gibt mir
damit und mit seiner betont lässigen Haltung zu verstehen, dass er
nichts, aber auch gar nichts von mir braucht! Zur Not wird er die kom-
menden fünfundvierzig Minuten einfach aussitzen.
Im Grunde hat er ja recht. Vordergründig betrachtet braucht er wirk-
lich nichts. Auf jeden Fall nichts, was ich ihm bieten könnte. Es ist seinen
Eltern auch nur deshalb gelungen, ihn hierher zu locken, weil sie ihm
ein besonderes Videospiel versprochen haben. Darüber hinaus darf er
mit seinen besten Freunden ein Unterhaltungscenter besuchen, in dem
man mit Lasergewehren aufeinander schießen kann. Max und Moritz
haben also Zuwachs bekommen.

Max' Vater ist extra einen Tag früher als üblich aus Moskau heimgekom-
men, um seine Frau dabei zu unterstützen, ihren gemeinsamen Sohn
auch wirklich in meine Praxis zu bringen. Die Situation ist also ernst, wie
der ganze Aufwand signalisiert. Max wird mir darin später, wenn ich
meinen kommunikativen Flammenwerfer ausgepackt und damit den
zwischen uns stehenden Eisberg weggetaut haben werde, zustimmen
– aber er sieht den Grund für den »Ernst der Situation« bei seinen Eltern.
Die sind einfach totale Koffer, vollkommen unbrauchbar, und mit Idio-
ten mag er sich nicht abgeben. Folgerichtig ist er zum Beispiel seit ge-
raumer Zeit nicht dazu zu bewegen, sein Zimmer in einer Hietzinger
Jugendstilvilla zum gemeinsamen Essen mit den Eltern zu verlassen.
Er gibt seine »Bestellung« auf und erwartet, dass ihm alles auf einem
Tablett in sein Zimmer serviert wird. Am liebsten ist es ihm, wenn ei-
ner der Idioten seiner Familie oder die Haushälterin ihm das Essen ein-
fach vor die Tür stellt und gleich wieder verschwindet. Den Versuch, ihm
abendliche Bettgehzeiten aufzuoktroyieren, empfindet er schlichtweg
als Frechheit. Denn wer, wenn nicht er selbst, sollte wohl am besten wis-
sen, ob er um Mitternacht müde ist oder lieber noch im Internet wesent-
lichen Geschäften nachgeht?

Zweifellos ist er intelligent, denn die Schule schafft er, abgesehen von disziplinären Problemen, zumindest bisher ohne nennenswerten Aufwand. Er hat seine Buddies, wie er später erwähnt, und das ist auch der einzige Grund, warum er noch in die Schule geht. So etwas wie allgemeine Schulpflicht löst bei ihm nur ein Schulterzucken und eine hochgezogene Augenbraue aus. »Ich mache einfach nur, was ich will«, formuliert er sein Lebenskonzept schlicht und einfach. Und wenn ich mir die Verzweiflung seiner Eltern im Vorgespräch in meiner Praxis in Erinnerung rufe, arbeitet er offenbar mit großer Konsequenz an der Umsetzung seines Kernleitsatzes.

Er ist mittlerweile ein wenig angetaut und unser Gespräch kommt langsam in Schwung. »Völlig durchgeknallt«, denke ich mir, als er mir von seinem Plan erzählt, kommenden Sommer einfach abzuhauen. Er will damit seinen Eltern einen Denkzettel verpassen, sollten ihre Urlaubspläne nicht haargenau seinen Wünschen entsprechen. »Völlig durchgeknallt, jegliche Grenze verleugnend, schlichtweg verrückt, komplett altersinadäquat, der Junge!«

Gleichzeitig beschleicht mich allerdings ein äußerst unangenehmes Gefühl. Als würde Max unserer Erwachsenenwelt durch sein Verhalten eine Botschaft schicken, die ihm sein Unbewusstes diktiert. Als würde er uns einen Spiegel vorhalten und uns zeigen, was für Konsequenzen das verlogene Paradigma der großen Freiheit und Selbstbestimmung hat. Dieses Kind hat dieses Paradigma wörtlich genommen und beschlossen, es uns in seiner ganzen Absurdität vorzuleben, koste es, was es wolle. Koste es ihn, was es wolle. Sein Verhalten schien zu sagen: »Wir sollen uns als Kinder frei entfalten und alles tun und ausprobieren, was wir wollen? Okay – das mache ich jetzt! Ich mache einfach nur, was ich will! Das müsste euch doch gefallen!« Dieser etwas untersetzte Junge mit dem Schmollmund und den kalten Augen wirkt wirklich gruselig, während er so in meinem Fauteuil herumrutscht.

»Ich mache nur, was ich will«, wiederholt er mit trotziger Stimme, als ich ihn darauf hinweise, dass sich die mögliche Sommerexpedition schlichtweg außerhalb des gesetzlich zulässigen Rahmens bewegen würde.

»Dann renne ich davon«, zischt er mit zusammengebissenen Zähnen.

»Dann fahnden sie nach dir und fangen dich ein«, kontere ich, »und du kommst in eine staatlich betreute Wohneinrichtung, wenn du deinen Eltern nicht folgst. Das hat man früher Kinderheim genannt.« Ich gebe mich hart.

»Pah, dort haue ich auch ab«, versucht er es wieder.

»Dann fangen sie dich wieder ein«, entgegne ich nach außen hin selbstsicher, während mir innerlich seelische Schweißperlen die Achselhöhlen hinunter zu laufen beginnen. Der Junge vor mir sitzt bereits wirklich tief in der Scheiße.

»Dann tauche ich im Wald unter.« Jetzt schwingt Triumph in seiner Stimme mit.

Das Kind in ihm, das diesen Ausweg formuliert, rührt mich zutiefst.

»Super Idee«, gebe ich zu. Jetzt macht sich die gewohnte Siegessicherheit des Tyrannen auf seinem Kindergesicht breit. »Du bist sicher cleverer als alle Suchtrupps mit Schäferhunden, die sie ausschicken können«, wiege ich ihn in Sicherheit. »Aber dort hast du dann weder einen McDonald's noch eine Steckdose für dein Handy oder deinen Laptop.« Seine Miene verfinstert sich und für einen Moment werden wieder das Kind und seine Verzweiflung sichtbar. Blattschuss. Eins zu null für mich. Irgendwie wirkt er jetzt ein bisschen zusammengesunken. Sein Blick wandert unstet in meinem Therapiezimmer umher, ohne einen Gegenstand wirklich zu fixieren.

Dann hebt er den Kopf und blickt mir direkt und hart in die Augen. »Ich hasse meine Eltern«, gesteht er. »Warum soll ich diesen Idioten folgen?«

Mein Mund fühlt sich jetzt ganz trocken an und dieses Gefühl von

Aushöhlung lässt mein eigenes Herz stolpern. Was ist hier passiert?
Max' Mutter fürchtet sich vor ihrem Sohn. Nicht ganz ohne Grund.
Auch seinem Vater – der zugegeben hat, dass er in Momenten größter
Verzweiflung mit dem Verhalten seines Sohns auch schon zu körper-
licher Gewalt als letztem Zufluchtsmittel gegriffen hat, selbst wenn er
als Unternehmer ein souveräner Verhandler ist und zwischen Wien,
Rom, New York, Moskau und Shanghai pendelt – ist nicht wohl in sei-
ner Haut, als wir von Max und seinen Auftritten in der Familie sprechen.

Max war der letzte und endlich erfolgreiche Versuch einer langen
Reihe von In-vitro-Fertilisationen, der Max' Eltern ihren glühenden
Kinderwunsch endlich erfüllt hatte. Es wundert also ganz und gar
nicht, dass Max' erste zarte Herzaktion auf dem Ultraschallschirm
gleichzeitig den letzten Arbeitstag von Max' Mutter begründete. Denn
dieses Kind sollte nach besten Kräften geschützt, rundum betreut und
gefördert werden. Diese Einstellung hat Max' Leben seither bestimmt.

Sein Wille hatte für seine Eltern Gesetzeskraft, denn beide lagen trotz
langer Psychotherapien noch immer mit ihrem eigenen autoritä-
ren Elternhaus in innerem Streit. Und was frühe Talentförderung und
Stärkung des Selbstbewusstseins anlangte, so schien ihnen die moder-
ne Haltung progressiver Eltern des 21. Jahrhunderts auf ganzer Linie
recht zu geben.

Doch all die endlosen Diskussionen mit dem Filius, der von Kindesbeinen
an in jede Entscheidung, die ihn betraf, miteinbezogen wurde, schienen
vergebens gewesen zu sein, sah man sich den gegenwärtigen Stand
der Dinge an. Trotz zahlreicher Versuche hatte Max bis jetzt weder auf
kreativem, musischem noch sportlichem Gebiet besonderes Talent ge-
zeigt, weil es ihm einfach an Durchhaltevermögen mangelte. Dass er
sich nicht nur zu einem zunehmend unbeherrschbaren Tyrannen aus-
zuwachsen drohte, sondern Anzeichen tiefer Verzweiflung zeigte, war
seinen Eltern nach seinen letzten Eskapaden vollkommen klar.

Vor knapp einem Monat war eine Meinungsverschiedenheit mit seiner Mutter, die Max in dieser Woche allein betreute, weil ihr Mann beruflich in Moskau war, derartig eskaliert, dass er sie in einem wilden Handgemenge zu würgen begonnen hatte. Es war darum gegangen, dass sie seine Schulhefte kontrollieren wollte. Max' Mutter beginnt unkontrolliert zu schluchzen, als sie davon erzählt. Sie ist eine zarte, sicher ehrlich bemühte Frau, die aus lauter Angst, das Potenzial ihres Kindes zu beschränken, diesem Kind nie Grenzen gesetzt hat. Sie wollte immer nur das Beste für ihr Kind, das mit zunehmender Gewalt auf sie reagiert.

Wie nicht anders zu erwarten, setzte die Tragödie sich fort, als der Vater am folgenden Wochenende den Sohn zur Rechenschaft ziehen wollte. Das unvermeidbare Streitgespräch endete damit, dass Max auf den Fenstersims kletterte und damit drohte, sich aus dem Dachgeschoß in die Tiefe zu stürzen. Jetzt saß dieses verzweifelte Tyrannenkind bei mir und hasste seine Eltern, die ihm immer zu Diensten gewesen waren, aus tiefstem Herzen ...

▶ *Von Sabrina bekomme ich als Reaktion nur ein abschätziges Schulterzucken und ein angeekeltes Hochziehen der Oberlippe, als ich sie in derselben Woche zu ihrem Verhältnis zu Ihrer Familie befrage. Ein äußerst attraktives Mädchen sitzt mir gegenüber in meinem Therapiefauteuil. Sie versteht es, ihre langen Beine immer im richtigen Moment kunstvoll übereinander zu schlagen. Dass sie einen schwarzen Slip trägt, kann dabei selbst dem züchtigsten Blick nicht entgehen. Sie ist gerade erst vierzehn geworden, obwohl ihre Aufmachung – wie bei nahezu allen Jugendlichen ihrer Altersgruppe – Volljährigkeit suggerieren soll. Der BH, der vorwitzig aus dem offenherzigen Ausschnitt in die volle Freiheit des Raums vordringen mag, muss von Victoria's Secret sein. Sie blickt mich aus perfekt geschminkten Riesenaugen in einer Mischung aus*

Barbie, Barbarella und Amazone an. Alles an ihr ist auf sexy gestylt, aber das mögen wir ja heute so – direkt, greifbar und vordergründig, damit wir bloß nicht als altbacken oder langweilig herüberkommen. Das muss man früh lernen, wenn man im Styling-Wettkampf ganz vorne mit dabei sein will. Wer von den Vierzehn- bis Achtzehnjährigen wäre heute im tiefsten Inneren denn nicht gerne für Austria's oder noch besser Germany's Next Topmodel nominiert?

Trotzdem ist gerade das Sabrinas Problem. Denn offensichtlich hat sie es mit dem »sexy sein« ein wenig zu weit getrieben oder war zumindest weniger schlau als andere mir bekannte Fälle. Sie schritt zur Tat und zwar in der Zehn-Uhr-Pause. Die in die lustvolle Aktivität verstrickten beiden Schulkollegen hatten am Mädchenklo nicht wirklich was zu suchen, fanden jedoch eine diensteifrige Sabrina vor. Wie es später hieß, hatte sie die beiden per SMS herbeigelockt.

Sabrina gab bei der nachfolgenden Befragung durch die Direktorin ihres Gymnasiums, in dem sie die vierte Klasse besucht, auch ohne Umschweife zu, dass sie »zwei Jungs eben einen geblasen« hätte, wobei der Direktorin als Wortwahl der Ausdruck »Fellatio« eindeutig lieber gewesen wäre, wie Sabrina mir bei der Rekapitulation der Ereignisse, die zu unserem Kennenlernen geführt hatten, mit einem Grinsen über die alte »ungefickte Tusse« versichert.

Ich schlucke innerlich kurz, als mir klar wird, dass besagte Direktorin in etwa zu meiner Altersgruppe zählt, und hoffe, um überhaupt den Lichtstrahl eines Arbeitsbündnisses zwischen Sabrina und mir am Horizont sehen zu können, dass ich jetzt gerade nicht auch als »ungefickte Tusse« rüberkomme. Vorsichtshalber schlag ich auch mal, so in der Art wie wir das gelernt haben, meine Beine übereinander, wobei ich die Hüften entsprechend mitschwinge und gratuliere mir dazu, dass ich heute zu den schwarzen Pumps mit den Bleistiftabsätzen gegriffen habe, obwohl mir bewusst war, dass sie bereits nach zwei

Stunden Praxis zu schmerzen beginnen würden. Ich lächle Sabrina großzügig und schwesterlich entgegen. Wo waren wir also stehen geblieben?

Dass Sabrina »zwei Jungs eben einen geblasen« hat und die Direktorin für eine »ungefickte Tusse« hält, kostet mich kein Augenblinken. Mit dem Wirklichkeits- und Selbstkonzept, das dieses junge Mädchen verkörpert, habe ich demgegenüber jedoch gröbere Probleme.

»Sex ist Fun, Bedürfnisbefriedigung, und es macht Spaß, gemeinsam mit Freundinnen die Typen um die Wette anzumachen und immer was Neues auszuprobieren«, wie sie mir versichert. Sex ist für sie also irgendwo zwischen Essen, Schlafen, Urinieren und Defäkieren angesiedelt und wird mit einer Art sportlichem Ehrgeiz und Entertainmentanspruch garniert.

Sabrinas Problem ist, wie bei so vielen Jugendlichen, denen ich begegnet bin, leicht auf den Punkt zu bringen: Sie kennt keinen Respekt, womit hier Achtung und Wertschätzung gemeint sind. Ganz sicher nicht ihrer Mutter gegenüber und auch für ihren Vater hat sie nichts übrig. Den neuen Partner ihrer Mutter, einen Feuerwehrmann, sieht sie als schweißgetriebenen Backdraft-Typen, der ihr auf die »Titten schaut«, wie sie es ausdrückt.

Das mit dem Respekt sehen ihre Mutter und jener muskelstarke Cornetto-Mann, die mir im Vorgespräch durchwegs besorgt über die Entwicklungen rund um Sabrina und ihren drohenden Schulausschluss vor ein paar Tagen gegenüber gesessen sind, genauso. Allerdings geht es in ihrer Wahrnehmung eher darum, dass sie Sabrina als präpotent und sexuell provozierend erleben, als jemanden, der keinerlei Grenzen akzeptiert und ihren um zwölf Jahre jüngeren Halbbruder völlig altersinadäquat sekkiert. Dabei war bis zur Pubertät eher ihr scheues und ängstliches Wesen ein Problem gewesen.

Bohrt man im Hintergrund, so stößt man auf eine Geschichte der Enttäuschung. Es offenbart sich ein gar nicht so seltenes Ablaufskript *einer Kindheit und frühen Jugend eines Kindes, das zwischen den Stühlen aufgewachsen ist. Nachdem ihre Eltern eine pragmatische einvernehmliche Scheidung hinter sich gebracht hatten, als Sabrina fünf Jahre alt war, verbrachte sie viel Zeit bei ihrer Großmutter mütterlicherseits, die heute als Einzige noch erwähnenswerten Einfluss auf Sabrina hat. Denn die neue Partnerin des Vaters, die nach der Scheidung umgehend die Bühne betrat, wollte ihr eigenes Kind, das sie in die neue Beziehung mitgebracht hatte, fest etablieren und verbot Sabrinas Vater, von seinem Kontaktrecht Gebrauch zu machen. Dieser hielt sich in der Folge auch brav daran und lehnte den Kontakt zu Sabrina ab.*

Sabrinas Mutter wiederum war eifrig bemüht, den um sieben Jahre jüngeren Bekämpfer von Feuersbrünsten sicher an sich zu binden.

Wegrationalisiert, bei der Oma abgestellt, in ihr Mädchenzimmer geparkt und störend erlebt sie sich, und ihre Mutter als eine lächerliche Figur, als sie ein Telefongespräch mit einer Freundin mithört, in dem die Mutter, unter dem Titel modern zu sein, zugibt, die sexuellen Eskapaden ihres Partners in Swingerclubs mitzumachen, um ihn nicht zu verlieren.

So – was, verdammt noch mal, was soll da also eigentlich das Problem sein, wenn sie zwei Typen am Mädchenklo einen bläst?

Eines steht für Sabrina allerdings fest: Sobald sie kann, und das könnte das Ende der Schulpflicht sein, will sie nichts mehr von ihrer Mutter, ihren verleugneten Botox-Spritzen und ihren kurzen Lederminiröcken, ihrem Machotypen und natürlich auch von ihrem Vater wissen – und sie hat einige Kenntnis, um sich durchbringen zu können …

Zwei Welten, die auseinanderdriften

▶ *Vanessa hat andere Probleme. Sie kämpft mit Depressionen und eigenartigen Bauchschmerzen. Die Sechzehnjährige hat bereits mit allen Segnungen moderner Medizin einschließlich einer Bauchspiegelung Bekanntschaft gemacht. Irgendwie war ihr im letzten Jahr alles zu viel, sodass sie nun eine Ehrenrunde in der fünften Klasse drehen muss. Auch egal, solange es mit den Freundinnen klappt, denn die halten Vanessa ihrem Dafürhalten nach aufrecht. Zu Hause lebt sie nur, weil sie das noch muss. Dieses Zuhause ist ihrer Einschätzung nach nicht viel mehr als ein Dach über dem Kopf. Nicht einmal gekocht wird in diesem Haushalt und die Wäsche macht sich, wenn sich nicht die Putzfrau erbarmt, die einmal in der Woche auftaucht, auch jeder selbst. Vanessas Mutter, die als gelernte Bürokauffrau in einer Spedition arbeitet, verbringt die meiste Zeit des Familienalltags vor ihrem Computer, um im »Second Life« ihr eigentlich erträumtes Leben zu realisieren. Und ihr Vater verbringt, wenn er nicht gerade Schichtdienst hat, seine Zeit in seinem Bastelkeller.*

Die Eltern führen eine pragmatische, unaufgeregte Ehe. Vanessa glaubt, dass sich zwischen ihnen schon lange nichts mehr abspielt. Sie haben gelernt, einander aus dem Weg zu gehen, um ihren Lebensstandard in einem von Vanessas Mutter geerbten Einfamilienhaus, das keiner von ihnen allein erhalten könnte, aufrechterhalten zu können.

Vanessa sitzt jetzt bei mir, weil ihr betreuender Arzt ihre Bauchschmerzen für psychosomatisch hält. Sie schaut mich aus großen, wimpernverhangenen, einsamen Kinderaugen an. Keine gemeinsamen Familienessen, keine Ausflüge am Sonntag, keine Gespräche miteinander, sondern Pizza oder Lasagne aus der Tiefkühltruhe und selbst gestrichene Brote – dass das alles Bauchschmerzen verursacht, liegt ja wohl auf der Hand. Aber sie sei doch schon so groß und erwachsen! In diesem Punkt herrscht bei ihren Eltern Einigkeit. Was in unseren gemeinsamen Stunden noch rasch transparent wird ist, dass dieses Kind »Wut im Bauch« hat. Sie wartet nur auf den Moment des Absprungs, die Möglichkeit zur endgültigen Abwendung von ihren Eltern.

➤ *Fridolin, siebzehn, landet ebenfalls wegen Schulversagens auf meiner Couch. Dazu kommt noch eine Tendenz zum Komasaufen am Wochenende sowie zeitweise durchgängige Abgängigkeit. Im Gegensatz zu Vanessa hat er allerdings eine perfekt anmutende Kindheit hinter sich. Disneyland-Diktatur nenne ich es, wenn in einer Familie die große, ja die wirklich ganz große Entwicklungsfreiheit angesagt ist.*

In seinem Fall hat sich das auf hohem wirtschaftlichem Niveau abgespielt. Das heißt, es stand immer genügend bezahltes abwechslungsreiches Personal zur Verfügung, um Fridolin zu beaufsichtigen oder zu den verschiedenen Einrichtungen und Personen zu karren, die seine Talente förderten und ihm später Nachhilfe gaben, einschließlich einer begleitenden Psychotherapie seit seinem siebenten Lebensjahr. Seine Eltern hätten auch kaum Zeit gefunden, ihn konsequent zu begleiten, da sie ihrer eigenen Selbstverwirklichung in rasender Lustsuche nachkamen. »Als Kind sind mir die beiden Idioten noch cool vorgekommen. Ich habe eigentlich fast alles bekommen, was ich wollte. Sie haben mich ziemlich in Ruhe gelassen, weil sie so und so mit sich selbst beschäftigt waren«, fasst Fridolin seine Kindheit zusammen. »Wir haben auch oft auf die Schule geschissen«, hebt er hervor. Dies schien vor allem seinem Vater, der es nach langer Leidenszeit in einer Eliteschmiede und nachfolgendem Studium der Betriebswirtschaft zu einem mehr als stattlichen Vermögen gebracht hatte, offenbar gefallen zu haben. Der Sohn als Rebell des Systems! Solange die Noten noch gepasst hatten, war das ein charmantes Motiv gewesen. Doch jetzt herrscht Alarmstufe rot!

Natürlich viel zu spät! Der bedrohliche Meteor des Schulabbruchs ist bereits in eine Umlaufbahn mit unabwendbarem Kollisionskurs eingetreten!

»Fuck school, fuck the system!« Zumindest ist er ziemlich klar in seiner Haltung, dieser schlanke, fast schmale, hoch aufgeschossene Bursche mit einem kantigen Haarschnitt, der mich an Bart Simpson erinnert und der wohl die weichen, knabenhaften Züge überdecken soll. Nach Hause geht er kaum noch und in die Schule auch nicht. In den letzten Monaten ist er mehr zu einem Großstadtzigeuner avanciert, der mit der Kreditkarte des Vaters, solange sich die Belastungen in gewissen Grenzen halten, von einem Freund zum nächsten tingelt oder bei einer gerade aktuellen Freundin pennt. Eigentlich cool!

Die Ehe seiner Eltern ist ebenfalls bereits Geschichte, da die zickige Eifersucht der Mutter, die vor ein paar Jahren fünfzig geworden ist, den umtriebigen Vater zu sehr belastete. Dass Fridolin jetzt hier sitzt, verdankt er der neuen Lebensgefährtin seines Vaters, einer Frau, die mit beiden Beinen im Leben steht und die ihn mit ihrer Striktheit zwar amüsiert, wie er es ausdrückt, die jedoch gleichzeitig die einzige erwachsene Person in seiner Umgebung ist, die noch ein wenig Einfluss auf ihn hat. Ihr Stenogramm des Familienbilds hatte sie mit dem Satz »von seiner Mutter spricht er nur mit Fäkalausdrücken, vom Vater will er nur eine funktionierende Kreditkarte und beide haben ihn bereits aufgegeben,« auf den Punkt gebracht. Ihr Resümee: »Er ist am Abgleiten.«

Jetzt sitzt Fridolin vor mir und mustert mich abschätzig. Ich weiß, dass ich mich auf sehr dünnem Eis bewege. Eine falsche Intervention und er verschwindet auf Nimmerwiedersehen, erneut darin bestätigt, dass auf die Erwachsenenwelt kein Verlass ist.

»Nun, was sagen Sie zu meiner Familie?«, beendet er gerade seinen Exkurs über die Kokspartys seines Vaters, bei denen er als Vierzehnjähriger dabei war, bevor dieser seine jetzige Lebensgefährtin kennen-

lernte, und über die verzweifelten Versuche seiner Mutter, ihre äußere Optik zu verbessern, auch wenn dies für ihr Selbstwertgefühl letztendlich ergebnislos blieb. Es ist eindeutig, dass dieses Kind vollkommen vernachlässigt wurde. Auch wenn diese Vernachlässigung mit einem dicken, schillernden Schleier von Konsum überdeckt wurde.

»Ich würde deine Eltern in ein Intensivcamp zur Verbesserung der Erziehungsfähigkeit schicken, so ähnlich wie Intensivsprachferien für Schüler, die am Durchfallen sind«, antworte ich ihm ernsthaft.

Das belustigt ihn. Ja, seine Alten wären eigentlich totale Kinder, trotz des Erfolgs seines Vaters. Völlig durchgeknallte, eitle Selbstdarsteller. Der junge Mann mir gegenüber vermag recht treffend zu analysieren. Dann möchte er wissen, was ich von ihm selbst halte, was mir zu ihm einfällt. Seine Augen ziehen sich kurz zu schmalen Schlitzen zusammen. Jetzt hat er sich vorsichtshalber hinter seelischen Panzerplatten verschanzt. Ich kann die Spannung im Raum spüren. Das ist eine jener Situationen, in der du dich als Therapeut wirklich bewähren und springen können musst, wenn du kein Therapiebeamter sein willst.

»Du sitzt ziemlich in der Scheiße, wenn du mich fragst«, sage ich einfach und am Flackern in seinen Augen erkenne ich, dass ich ihn hinter seiner Fassade damit erreicht habe. »Du bist eindeutig intelligent und nimmst deine Umgebung sehr intensiv und kritisch wahr.« Die Ansage gefällt ihm. »Aber ob du den Mut aufbringst, deinen Hintern wirklich hochzukriegen und für dich Verantwortung zu übernehmen, weiß ich noch nicht. Du kannst natürlich auch in deinem gepolsterten Hundekörbchen mit der Kreditkarte deines Vaters bleiben und von dort aus alles kritisieren, während dein eigenes Leben, so wie gerade die Schule, den Bach runtergeht. Das wäre sicher bequemer. Zumindest auf den ersten Blick.« Ich bete, dass er jetzt nicht kehrtmacht. Er ist irritiert, aber sein forschender Blick verrät mir, dass er standhält und jetzt nicht abtauchen wird.

»Ehrlicherweise wäre es mir lieber, wenn du was tust«, nütze ich die Gunst der Stunde. »Natürlich aus purem Egoismus, wie ich gerne zugebe.

Denn bis Ich mit fünfundneunzig von meinem Motorrad falle, würde ich gerne durch eine Landschaft fahren können, in der die Luft noch zum Atmen ist und die Infrastruktur funktioniert, es also ordentliche Straßen gibt, Verkehrsampeln, die Strom haben und Tankstellen, in denen man halbwegs sicher Benzin kaufen kann. Ich hätte auch gerne, dass meine Pension mit relativer Zuverlässigkeit auf meinem Konto landet. Und damit das alles realistisch bleibt, werden wir kluge und kämpferische Köpfe wie deinen brauchen.«

Sein Blick sagt mir, dass wir jetzt einen Deal haben.

Der Point of no Return ist längst überschritten

▶ *Mit Herbert wäre es mir wohl nicht gelungen, einen Deal abzuschlie-ßen. Das hätte er strikt abgelehnt. Er wäre sicher nicht bereit gewesen, sich auch nur auf meine Couch zu setzen. Ihn lerne ich auf andere Weise kennen, bei einem Vortrag, den ich in einer größeren Gemeinde ein paar dutzend Kilometer hinter Linz halte. Ein dumpfer Novembertag, an dem sich das Licht selbst zu Mittag nicht bis an die Oberfläche des Tages durchzukämpfen schien, war in einen dunklen kalt-nieseligen Abend gemündet. Aber der Abend hatte Entwicklungspotential gezeigt. Gut 250 bis 300 Personen hatten trotz des mehr als unfreundlichen Abends und der Verführung ihrer bequemen Wohnzimmercouch den Weg in die Mehrzweckhalle gefunden, um sich mit dem Thema »Europa jenseits 2025 – Gesellschaft im Umbruch« auseinanderzusetzen.*

Obwohl ich versucht hatte, die sozialpsychologischen Konsequenzen der modernen Entgemeinschaftungsgesellschaft mit einem teilweise kabarettistischen Zugang zu portraitieren, hatte sich in diesem besorg-ten, aufmerksamen Publikum eine nachdenkliche Diskussion zu den möglichen Zukunftsoptionen eines kommenden Lebensalltags erge-ben. In mehr unmittelbarer privater Form setzte sich diese nun in den etwas ruhigeren Strandbuchten des angebotenen Buffets zum Teil recht emotional fort.

Eine Bevölkerungspyramide, die diesen Namen schon lange nicht mehr verdiente und in absehbarer Zeit eher der Hüllkurve eines Döner glei-chen würde, steigende Lebenserwartung bei deutlich nachhinkender Gesundheitserwartung, ein schwankendes Pensionssystem mit nicht zu verleugnendem Beunruhigungspotential und wenig Rückhalt in einer durch hohe Scheidungsraten geprägten Unverbindlichkeitskultur, wenn man das Thema von Pflegenotwendigkeit auch nur anzudenken

wagte, und noch so einiges mehr ließen als Ingredienzen der Zukunfts-
gestaltung einige Szenarien auftauchen, die nicht unbedingtes Wohl
befinden und das Gefühl eines gesicherten Lebensstandards herauf-
beschworen. Allein schon der Ausblick, dass es der Generation, die
gerade ins Arbeitsleben eintrat, als erster in unseren Breiten seit Langem
im Durchschnitt wirtschaftlich eindeutig schlechter gehen könnte als
der vorherigen, war eine beunruhigende Vorstellung. Und dass die
narzisstische Individualitätskultur bestimmt keine pflegebereite Gene-
ration hervorbringen würde, bereitete jenen im Publikum, die bereits in
den mittleren Jahren des Lebens angekommen waren, einiges Kopf-
zerbrechen.

Ich war gerade wieder einmal mitten in einem Plädoyer für soziale
Eigenverantwortung und die Stärkung des sozialen Gewissens sowie
meinem Glauben an kleine Gemeinschaften, als Herbert sich in die
Diskussion einschaltete.

»Ich gebe Ihnen vollkommen recht in dem, was sie vorhin über das
Pflegeproblem gesagt haben«, sagte er kämpferisch. Seine Stimme
war fast etwas zu laut für diese kleine Gruppe. Ich hätte ihm sogar
einen Tonfall von Trotz unterstellt, wäre der junge Mann, der mir da
gegenüberstand, nicht bereits gut Mitte zwanzig gewesen. »Die Idee,
dass ich mich um meine Eltern kümmern sollte, erscheint mir ehr-
licherweise vollkommen absurd. Das würde ich als einen totalen
Eingriff in mein Privatleben sehen. Es kann doch keiner glauben, dass
man das heute noch von jemandem verlangen kann. Sie liegen mit
Ihrer Vermutung, dass es in meiner Generation dazu wenig Bereitschaft
gibt, also vollkommen richtig. Ich lege meine Hand dafür ins Feuer,
dass alle in meinem Alter so denken«, setzte er noch nach. Er wirkte
ernsthaft entrüstet.

In unserer Gruppe herrschte betretenes Schweigen. Zwei der bereits
deutlich älteren Semester der kleinen Runde wirkten, als wären sie

gerade angeschossen worden. Schließlich erhob sich jedoch Widerstand.

»Meine Mutter hatte mit achtzig einen Schlaganfall. Sie war halbseitig gelähmt. Als sie uns im Spital und nach der Rehabilitation gesagt haben, dass es nun nicht mehr viel besser würde, haben wir sie zu uns nach Hause geholt. Ich habe meine Mutter gemeinsam mit meinem Mann und meinem Bruder bis zu ihrem Tod zu Hause gepflegt«, sagte eine der Umstehenden, eine Frau Ende fünfzig. »Irgendwie verstehe ich nicht, was in dieser neuen Gesellschaft vor sich geht. Welche Werte heute gelten. Es war nicht immer einfach mit meiner Mutter, vor allem gegen ihr Lebensende hin. Aber es ist mir selbstverständlich erschienen, bei ihr zu sein und mich um sie zu kümmern! Sie war doch auch immer für uns da, als wir Kinder waren. Meine Mutter war keine sehr gebildete Frau, aber sie hat uns immer geholfen. Als wir unser Haus gebaut haben, hat sie auf unsere Kinder, ihre Enkel, geschaut und gekocht. Ich hätte mich geniert, sie wegzugeben.« Ihre Stimme wirkte sehr leise. Es war mehr als offensichtlich, dass ihr der letzte Halbsatz, »sie wegzugeben«, völlig unpassend erschien. Ihr Tonfall stand für Unverständnis und Befremden.

Doch gerade hier hakte Herbert nach. »Ich würde meine Mutter sofort weggeben«, sagte er mit großer Überzeugung und Entschiedenheit. »Meinen Vater übrigens genauso. Diese Aufopferungstour ist sicher nicht meins. Davon bekomme ich Brechreiz! Das ist heute total out. Vielleicht war das in Ihrer Generation noch so. Man hat sich als Kind vor seinen Eltern gefürchtet und sich bis zu ihrem Tod nicht von ihnen emanzipieren können. Unsere Generation ist heute einfach viel freier.« Er hörte sich jetzt eindeutig pampig an und ich fragte mich, was für Probleme er mit seinen Eltern hatte, dass er seine Einstellung ihnen gegenüber so vehement mit den gesellschaftlichen Veränderungsprozessen rechtfertigen musste. So wie er es beschrieb, wirkte diese

Entsorgung der Eltern im Falle ihrer Bedürftigkeit wie ein logischer, positiver Entwicklungsschritt einer Generation, die ihre Freiheit zur eigenen Lebensgestaltung endlich unabhängig von einem Autoritätsgebot einer Vorgeneration in Besitz zu nehmen verstand. Das Thema Bindung und Beziehung, unabdingbar Wurzel für die Verbindlichkeit zwischen den Generationen und den gesellschaftlichen Zusammenhalt, kam hier allerdings überhaupt nicht vor.

Herbert wandte sich erneut der älteren Frau zu, die gerade ihre Geschichte erzählt hatte, und sprach sie direkt an. »Das muss doch extrem einschränkend für Ihr Leben gewesen sein. So was ist doch nicht auszuhalten!«

»Ja, da haben Sie recht«, gab sie freimütig zu. »Es hat auch Beschränkung bedeutet, meine Mutter als Pflegefall bei uns zu haben. Die Kinder waren zu dieser Zeit gerade beide aus dem Haus und mein Mann und ich hatten für diesen Zeitpunkt immer eine Weltreise geplant gehabt.« Jetzt zeichnete sich Triumph auf Herberts Gesicht ab. »Wie ich vorhin schon sagte: Unsere Generation ist einfach viel klarer und ehrlicher. Wir stehen zu uns. Jeder hat sein eigenes Leben und das Recht, das Beste daraus zu machen. Wenn ich eine Weltreise plane, dann mach ich die und lass mich nicht durch den Schlaganfall meiner Mutter davon abhalten. Den müssen sowieso die Ärzte behandeln«, erklärte er seine Ideologie mit Überzeugung. Sein logischer kalter Abhandlungsansatz erinnerte mich an die Atmosphäre einer Gebrauchsanweisung oder AGBs, in sich stimmig und emotionsbefreit.

»Aber diese Zeit mit meiner Mutter hat mehr bedeutet als nur Beschränkung«, gab diese einfache Frau nun schlicht zurück. »Ich konnte mich auch langsam von ihr verabschieden und mich auf diese Weise bedanken. Es ist nicht immer alles leicht im Leben. Den tiefen Seelenfrieden, das eigene Geborgensein im Leben erarbeitet man sich manchmal nur mit viel Schweiß und Mühe.« Nach diesen Worten hielt sie kurz inne.

Sie war noch nicht fertig. »Wissen Sie«, fuhr sie dann fort und blickte ihm dabei direkt in die Augen, »meine Mutter und ich hatten natürlich auch unsere Meinungsverschiedenheiten und unsere unterschiedlichen Anschauungen. Aber wir waren sehr innig miteinander verbunden. Ich habe sie einfach geliebt, so wie sie mich!« Als ihr auffiel, wie sehr ihre Worte ihn irritierten, sagte sie mit einem Seufzen: »Aber vielleicht kennen Sie das ja gar nicht. Das scheint ja das Problem dieser ganzen neuen Gesellschaft zu sein, dass hier dauernd vom Lieben geredet wird und keiner mehr weiß, was es dafür wirklich braucht …«

Dass das Thema der Abwendung von den Eltern eine Systematik hat, fällt mir ein paar Wochen später erneut auf. Diesmal wird allerdings aufgrund der Protagonisten ganz klar, dass die Verursachung in mangelnder Bindung und Beziehung zwischen Eltern und Kindern liegt und in einer Gesellschaft, die diese Bindung nicht mehr fördert. Es muss – vielleicht schon seit Jahrzehnten – auf der Beziehungsebene kranken, bevor die Kinder sich von ihren Eltern abwenden.

Eine angesehene deutsche Journalistin hat ein Buch zum Thema Kontaktabbruch zu den Eltern, der völligen Funkstille, geschrieben. Das regt natürlich auf und soll in einer Talkshow publikumswirksam aufbereitet werden. Zwei »Abbrecher« sind ins Studio eingeladen. Auch ich soll an der Talkshow teilnehmen. Ich habe ihre Lebensgeschichten und ihre wesentlichsten persönlichen Aussagen zum Thema vorab erhalten und soll analysieren, wie es dazu kommen konnte.

Der Autorin wäre eine tränenreiche Familienzusammenführung am liebsten, der Moderatorin auch. Aber das wird es nicht spielen, so viel wird schon im Vorgespräch mit Max und Anna klar. Sie haben beide unmissverständlich klar gemacht, dass sie sofort verschwinden würden, sollten ihre Eltern unangekündigt auftauchen. Dieses Risiko, also den Abbruch der Sendung, wollte dann doch keiner eingehen und so hat man sich zu

Studioeinspielungen mit Interviewsequenzen der betroffenen Eltern entschlossen.

Ob es Platz für mein Anliegen geben wird, darauf hinzuweisen, dass Bindung und Beziehung einen kontinuierlichen gelebten Aufbau durch respektvollen Grundumgang und Akzeptanz des speziellen Wesens des Gegenübers brauchen, erscheint selbst mir angesichts der nach Quoten ausgerichteten Studioatmosphäre immer fraglicher. Konstanz und Konsistenz, also Treue in der Haltung, klingt als Botschaft sicher sperrig, auf jeden Fall arbeitsintensiv, also anstrengend und unattraktiv.

Wir sitzen auf einer bequemen Ledergarnitur auf dem Studiopodest, die Harmlosigkeit und Plauderei signalisieren und auf diese Weise exhibitionistisch die Öffnung der Intimsphäre anregen soll. Max springt auch gleich brav darauf an und reagiert wie eine Bulldogge, die nur darauf wartet zuzubeißen, als auf einer mehrere Quadratmeter großen Leinwand das Gesicht seines Vaters erscheint und dieser ihn zum »Zurückkommen« auffordert. Wir sind alle von der Heftigkeit seiner Ablehnung schockiert. Am Ende macht Max klar, dass die letzten fünf Jahre seines 34-jährigen Lebens, seit er sich völlig von seinen Eltern abgewandt hat, eindeutig die besten gewesen waren. Er hatte das Studium des Ingenieurwesens, das ihn nie interessiert hatte, endlich abgebrochen und machte seither nur mehr das, was ihn freute, nämlich »seine Musik«.

Nun wird Anna ins Geschehen gebracht. Nachdem die Einspielung einer distinguiert wirkenden älteren Dame, die sehr gefasst, aber mit sich kämpfend ihre Botschaft absetzt, auch hinter uns liegt, kommt Anna zum Zug. Sie ist konsequenter und wesentlich kühler in ihrem Auftritt als Max, gibt sich überlegen, obwohl ihre ganze äußere Erscheinung mit den immer zahlreicher werdenden roten Stressflecken auf dem Dekolleté dem zu widersprechen scheint. Sie ist eine hübsche junge Frau mit einem burschikosen Kurzhaarschnitt, der verwegene dunkle Haarbündel wie lauter kleine Spitzen etwas steif rund um ihren Kopf platziert. Sie hat schon vor mehr als zehn Jahren jeglichen Kontakt zu ihrem Elternhaus abgebrochen. Ihr Vater ist in der Zwischenzeit gestorben. Sie kam nicht zum Begräbnis, weil sie gerade in Australien war. Es hätte für sie auch irgendwie nicht gepasst, wie sie anklingen lässt. Sie beschreibt ihre Abwendung als einen Prozess, im Zuge dessen sie sich freigekämpft hätte und dessen Krönung und Endgültigkeit sich darin fand, dass sie während ihres Studiums in London feststellte, dass sie in den Ferien nicht mehr heimfahren wollte, und sich ihr Leben danach endlich freier anfühlte.

Hier hakt die Moderatorin ein und kehrt zum Tod des Vaters und der Frage zurück, ob sie nicht wenigstens mit ihrer Mutter, die ja auch nicht mehr ganz jung ist, wieder in Kontakt treten möchte. Anna hebt die Augenbrauen. Ihre geschürzten Lippen verraten Abneigung gegen diese Vorstellung. Warum sollte sie das tun? Nur weil ihre Mutter es wollte? Nein, sicher nicht! Sie sähe da überhaupt keinen Vorteil für sich. Die Mutter wäre schon genug auf ihr draufgehockt, als sie noch ein Kind war, hatte beständig versucht, etwas aus ihr zu machen, ihre Träume in ihr zu verwirklichen.

»Sie haben keine Ahnung, was es bedeutet, das späte und einzige Kind einer Karrierefrau wie meiner Mutter zu sein«, wirbt sie um Sympathie für ihre Entscheidung. Nein, sie wolle ganz sicher keinen Kontakt mit ihrer Mutter. Sie kümmere sich um sich selbst. Damit sei sie in den letzten zehn Jahren äußerst gut gefahren. Sie habe ihre Karriere vorangetrieben und stehe heute mit knapp zweiunddreißig äußerst gut da. Sie sei wirtschaftlich unabhängig, bereits Partnerin in einer angesehenen Steuerberatungskanzlei, und in ein paar Jahren werde sie die Früchte ihres Einsatzes noch viel mehr genießen können. Warum sollte sie sich also diese lästige alte Frau umhängen, die noch dazu immer geglaubt hatte, alles besser zu wissen?

Annas Plädoyer ist logisch und in sich stimmig. Die Moderatorin ist etwas aus dem Konzept und macht sich auf die Suche nach dramatischen Familienerinnerungen bei Max und Anna, die diesen Kontaktabbruch für das Publikum verständlicher machen könnten.

Max entwirft das Bild eines ihn akademisch unter Druck setzenden Vaters, der sein Talent für Musik nur solange zu fördern bereit war, wie Max seinerseits bereit war, eine akademische Laufbahn einzuschlagen. Er räumt ein, er sei ein hyperaktives Kind gewesen und habe viel Aufmerksamkeit gebraucht. Doch aus seiner Sicht war das väterliche Verhalten pure Erpressung und der Grund, warum ihm der große Durchbruch als Musiker bisher verwehrt geblieben ist. Aus meiner Sicht ist das reiner Infantilismus und die Verweigerung eines tief gekränkten, zuerst hochgelobten und dann enttäuschten Kindes. Gott sei Dank fragt mich im Moment noch keiner, was ich davon halte.

Auch bei Anna lässt sich nichts wirklich Dramatisches finden; nichts, wo man als Zuschauer mit tiefster Überzeugung dann sagen könnte:»Das passiert mir mit meinem Kind sicher nie!« Die kleine Anna muss das geplante, permanent geförderte Kind eines erfolgreichen Akademikerelternpaars gewesen sein, viel allein, nicht grob weggeschoben, aber alltagsallein in vielen kleinen täglichen Mädchensorgen, ganz sicher ein intelligentes Kind und auch schulsystemgängig, kein Grund zur Sorge also. In der Pubertät kam dann der Rückzug, dann, wenn es ja fast als normal angesehen wird, wenn die Gespräche zwischen Kindern und Eltern endgültig zum Erliegen kommen, obwohl doch gerade zu diesem Zeitpunkt ein intellektueller Widerpart wichtig wäre. In Annas Fall waren die Eltern damals gerade mit ihrer Scheidung und dem Eingehen neuer Partnerschaften beschäftigt. Das erklärt vielleicht auch, dass es nicht Annas erste Weigerung, die Ferien daheim zu verbringen, war, die eine Diskussion zwischen ihr und ihren Eltern auslöste, sondern erst ihre konsequente Verweigerung jeden Kontakts.

Im Studio herrscht eine etwas beklommene Stimmung. Das Ganze gibt nicht viel her, alles klingt irgendwie logisch und nachvollziehbar, fühlt sich aber trotzdem deprimierend an. Die Autorin wirft jetzt ein, dass es ihr mit ihrer Arbeit auch schon gelungen ist, die Funkstille zwischen Verwandten zu überbrücken. Sie erzählt von einem entzweiten Geschwisterpaar, das durch ihre Recherche nach dreißig Jahren wieder zusammengefunden hätte. So was hören wir natürlich alle gerne!

Aber die Ablenkung ist von kurzer Dauer. Die Moderatorin meint, nun auch mich ins Spiel bringen zu müssen. Irgendwie müssen sie ja rechtfertigen, warum sie mich eingeladen haben. Sie hat es sich selbst zuzuschreiben, dass ich losreite, um unsere heutige Gesellschaft zu hinterfragen, als sie kuhäugig die berühmte Frage nach dem »Warum?« stellt. So tun das Journalisten, die heute über Nahtoderlebnisse und morgen über den Eigengarten am Fensterbrett berichten, halt gerne. Anna und Max sind die Protagonisten einer erkaltenden Gesellschaft, die ihre Kinder instrumentalisiert und betrügt. Das, was auf uns in dieser freien, pluralistischen Selbstverwirklichungsgesellschaft, in der das alte Gehorsamsgebot und das Pflichtbewusstsein den Alten gegenüber nicht mehr zählen, wartet, ist einfach der Zahltag.

Wahrscheinlich lädt mich der Sender nie mehr ein.

Manchmal habe ich einen Traum

Eigentlich nennt man diese Art von Traum einen Albtraum, obwohl er sich ganz harmlos anlässt:

Ein schöner Morgen. Vielleicht wird das der erste Frühlingstag. »4. 3. 2042« steht in flammend grüner Leuchtschrift auf einer großen Glastafel, die fast die Hälfte der Wand gegenüber vom Kamin in meinem Wohnzimmer einnimmt. Immer muss ich an die Supermannhefte meiner Kindheit und seine Verletzlichkeit durch Krypton denken, wenn ich am Morgen die Datumsanzeige in dieser Acid-Farbe lese. Die Datumsanzeige macht mich verletzlich. Jeden Tag mehr. Der Kamin ist schon lange nur mehr Zierde. Seit mehr als fünfzehn Jahren ist die Benutzung strikt verboten und ich habe mich nie zur Aufrüstung zu virtuellem Feuer durchringen können. Im Hintergrund der Datumsanzeige läuft eine analoge Zeitanzeige im Form einer lila Uhr, dazu arbeitet sich noch eine Atomuhranzeige, auf der die Zeit in den letzten Stellen beängstigend dahinrast, in Leuchtstiftgelb am unteren Rand der Glastafel durch den Tag. An den Rändern sind zusätzlich noch die unterschiedlichen Weltzeiten in Orange angeordnet. Das Riesending war ein Geschenk zu meinem achtzigsten Geburtstag. Sie haben es gut gemeint, die Kinder. »Damit du immer weißt, wie spät es gerade bei jedem von uns ist!«

Manchmal sitze ich davor und beschäftige mich mit *meiner* Zeit. Der vergangenen und der zukünftigen. Die zweite Zeitspanne ist sicher kürzer, so wie die Tage, in denen ich heute viel weniger weiterbringe als früher. Ein ungerechtes Verhältnis. Wenn doch am Ende wenigstens alles viel leichter und schneller von der Hand ginge, statt beschwerlicher zu werden.

Das Läuten der Türglocke reißt mich aus meinen trüben Gedanken. Das wird der Postroboter sein. Eine willkommene Abwechslung. Ich lege den langen Weg durch meinen Korridor zurück und wieder einmal wird mir bewusst, wie sehr ich meine Wohnung, mein Nest liebe! Hier lebe ich nun, wenn auch mit Unterbrechungen, schon seit fast 60 Jahren. Sie ist Rückzugsort und Mittelpunkt aller Lebensstationen zugleich: Meine Ehe, das Aufwachsen der Kinder, Hintergrund meiner beruflichen Existenz – fast mein ganzes Leben hat sich hier abgespielt, jeder Quadratzentimeter ist mir vertraut.

Bei uns Alten sind die Postroboter darauf programmiert, ein paar Sätze Konversation mit uns zu machen. Das ist nach Dafürhalten der Regierung gut gegen Vereinsamung und die Entwicklung von Demenz. Schließlich händigt er mir einen Packen bunter Werbeprospekte aus und separat, als wolle er sichergehen, dass ich den Brief auch bestimmt wahrnehme, einen dickeren Briefumschlag, der dieses auffallende kindische Lorbeeremblem der Regierung trägt. Das löst Herzklopfen bei mir aus. Der Umfang dieses Schreibens kann nur eines bedeuten: dass es sich um einen holografischen Brief, eine hochoffizielle Mitteilung handelt.

Ich trage ihn in die Küche und lege ihn vorsichtig, als würde er einen Sprengsatz beinhalten, auf meinen alten Küchenschrank. Verdammt, wie sehr sind wir alle bereits auf Angst konditioniert! Permanente Kontrolle und Überwachung beherrschen unser Leben. Jede Lebensregung wird vermessen, aufgezeichnet, archiviert, ist jederzeit abrufbar und einer Überprüfung zugänglich. Das Ganze ist heute vollkommen natürlich, selbstverständliche Routine, um unser Leben sicherer zu machen. Die Terrorwellen der 2020er-Jahre haben das auch dem letzten Zweifler einsichtig gemacht. Totale Transparenz als einziges Mittel, um der drohenden Radikalisierung und dem Schreckgespenst der Anarchie begegnen zu können! Lückenlose Kontrolle, um die freie Gesellschaft zu erhalten! Das waren damals die Schlagworte. Vielleicht wäre Anarchie die bessere Wahl gewesen.

Mein Gott, es ist auch schon fast wieder fünfundzwanzig Jahre her seit dem großen Anschlag auf den Mailänder Dom. Das war der Auftakt gewesen, gefolgt von einer Serie von grauenhaften Attentaten. Was war nach

Mailand? Ich versuche in meinem Gedächtnis zu kramen. Die große Brücke in San Francisco, wie hieß die gleich noch mal? Das hatte ausgesehen wie in einem Film, denn die Terrorgruppe hatte den Anschlag gefilmt und ins Internet gestellt. Dann dieser Wahnsinnsanschlag in Brüssel, bei dem ein paar tausend Menschen umgekommen sind. Berlin – der Sendeturm und ein großes Hotel gleichzeitig. London – die U-Bahn, das waren auch grauenhafte Bilder gewesen, die da um die Welt gegangen waren, obwohl mich Rom und Wien natürlich am meisten betroffen gemacht hatten.

Am Ende war die ganze Zivilgesellschaft bereits vollkommen panisch, es herrschte Paranoia als kollektive Stimmung. Keiner, der nicht selbst in Verdacht geraten wollte, mit dem Terror zu sympathisieren, hatte noch etwas gegen GSP einzuwenden gehabt. GSP stand für *Global Security Project*, ein Zusammenschluss aller Staaten, die global, also wirtschaftlich, etwas zu sagen und gleichzeitig einen umfassenden Maßnahmenkatalog in Sachen Sicherheit verabschiedet hatten. Seither sind die alten Dritte-Welt-Staaten und Schwellenländer annektierte Hinterhöfe, die jede Autonomie verloren haben. Natürlich ebenfalls aus Sicherheitsgründen. Was heute alles mit Sicherheit gerechtfertigt wird, ist phänomenal. Ist so eine Art Zauberwort, bei dem niemand zu widersprechen wagt.

Ich hatte dennoch das Gefühl, meine Menschenwürde einzubüßen, als ich schließlich doch einwilligte, mich chippen zu lassen. Sonst hätte ich keine Transkontinentalflüge mehr unternehmen können, um die Kinder zu besuchen. Böse Zungen behaupteten damals, dass der ganze Terror ein Wirtschaftsmotor wäre und alles von ganz anderer Seite geplant und gelenkt gewesen war. Egal. So leben wir heute. Es hat sich eben so ergeben, wie es heißt. Wir leben in der besten aller Welten. Wir alten Konstruktivisten behaupten dazu gerne, die beste, die wir uns selbst geschaffen haben!

Mir wird klar, dass ich mit meinem Sinnieren nur Zeit gewinnen will. Der Brief liegt noch immer auf meinem Küchenschrank. Jetzt wird es aber Zeit! Kein Aufschub mehr, sonst verliere ich noch meine Selbstachtung.

Ich drücke mir zur Stärkung noch einen Espresso aus dieser fast schon antiken Kapselmaschine runter und greife mir den Umschlag. Sofort als ich das Ding aufreiße und die feste Textur des Materials erkenne, das sie für holografische Benachrichtigungen verwenden, spüre ich, wie sich meine Eingeweide zusammenziehen. Die Botschaft spielt sich sogleich von selber ab.

Plötzlich habe ich die Projektion des Ausschnitts eines Regierungsbüros in meiner Küche. Eine jüngere, sehr gepflegt und etwas streng wirkende Frau stellt sich als für mich zuständige Abteilungsleiterin des Ministeriums für Ressourcenmanagement vor und bittet mich sehr höflich zu einer Vorsprache bei ihr im Amt. Sie nennt gleich das heutige Datum, um es mir zu erleichtern, das Treffen nicht zu vergessen, wie sie erklärt, und eine Uhrzeit, die am frühen Nachmittag liegt. Zum Schluss versichert sie mir, dass es nicht zu anstrengend für mich sein werde, da keine Wartezeiten zu befürchten seien.

Dann erlischt die Fata Morgana und bricht in einen blauen Lichtpunkt zusammen. Was glaubt diese Ziege eigentlich von mir? Ich spüre, wie Ärger in mir aufsteigt. Ich bin vielleicht alt, aber ich fühle mich fit wie ein Turnschuh, zumindest wenn die ersten beiden Morgenstunden erst einmal hinter mir liegen.

Zwei Stunden später stecke ich in meinem grauen eleganten Kostüm und zwänge mich für den bevorstehenden Auftritt heroisch in mein letztes Paar schwarzer, hochhackiger Pumps. Mit denen wollte ich immer begraben werden. Auf dem Weg zum Aufzug frage ich mich bereits, ob man sich solche Dinger im Tod antun soll – es handelt sich dann ja um eine ziemlich lange Zeitstrecke, die dann vor einem liegt. Das Taxi ist bis vor die Haustür gefahren. Der Taxifahrer hat bei der Bestellung am Code meines Chips mein Alter ablesen können. Da darf er dann so knapp zufahren. Es gibt so viele Vorteile, die diese Rundumerfassung des Lebens heute hat! Natürlich duzt mich der Fahrer beim Einsteigen. Auch so eine neue Blödheit, dass heute alle so tun, als wären sie gemeinsam in der Kinderkrippe gewesen, selbst wenn Jahrzehnte Altersunterschied zwischen einem liegen. Auf dem Weg zum Ministerium sitze ich hinter einer Panzerglasscheibe, die in jedem Taxi den Fahrer vom Fahrgast trennt, eingesponnen in meine Gedanken wie in einem engen Kokon. Warum hat mich diese etwas oberlehrerhaft wirkende Frau aus dem Ministerium wohl vorgeladen?

Wie in jedem offiziellen Gebäude wartet eine aufwendige Sicherheitsschleuse auf mich. Chiperfassung, Biodaten-Rastererhebung, Body Scan. Wie war das früher doch harmlos! Endlich bringt mich der Lift in das fünfte Stockwerk. Die Türen sind aus irgendeinem spiegelnden glasähnlichen dunkelgrauen Material und schieben sich völlig geräuschlos zur Seite. Eine computergenerierte rauchige weibliche Stimme eröffnet mir, dass ich an der siebenten Türe im rechten Gang richtig wäre. Sie verbreitet eine Atmosphäre, als würde ich gerade in ein Luxushotel einchecken. Alles geisterhaft! Mein Chip hat sich wohl bei der Sicherheitskontrolle mit dem System hier kurzgeschlossen und dieses Leitsystem mit der Tussistimme für mich aktiviert. Ich kann mich nie richtig über all diese Bequemlichkeit freuen, obwohl es mir jetzt langes Suchen in dieser Gangflucht erspart. Ich hole tief Luft, ziehe mein Kostüm zurecht und schlüpfe für einen Moment aus dem rechten Schuh, um meine schmerzenden Zehen zu strecken. Dann klopfe ich an die Tür und versuche, dabei eine gewisse Energie hineinzulegen. Ich weiß nicht wofür, aber ich werde kämpfen, wenn es sein muss!

Der Raum, der sich vor mir öffnet, ist eine Art Sekretariat oder Vorzimmer, denn am gegenuberliegenden Ende sehe ich eine breite Tür mit einem Namensschild, das ich aus der Entfernung nicht lesen kann. Die ganze Inneneinrichtung ist stylisch und äußerst minimalistisch, der Blick über die Stadt mit ihren zahlreichen Freizeitanlagen atemberaubend, genauso wie die Fassadenarchitektur der bis zum Boden reichenden Glaswände. In diesem Glaskäfig würde ich Schwindelanfälle bekommen, ganz abgesehen davon, dass man sich nie am Hintern kratzen könnte, ohne dabei beobachtet zu werden. Der jüngere Mann, der bei meinem Eintreten von seinem Schreibtisch aufblickt und seine zwischen ihm und mir schwebende Arbeitsleuchte zur Seite schiebt, die dabei stromsparenderweise auf eine Art Dimmer-Modus umschaltet, scheint sich hier allerdings sehr wohl zu fühlen. Er grinst mich freundlich und für meine Begriffe deutlich übertrieben an, als wären wir alte Bekannte. Es ist diese spezielle Art, ein offenes, herzliches Lächeln zu produzieren, das nie die Augen erreicht und in Sekundenbruchteilen wieder erlischt, das in mir ein unangenehmes Gefühl erweckt. »Max Rostock« lese ich auf dem Namensschild, das vor ihm steht. Max winkt mich mit einem vielsagenden Blick durch sein Büro zur hinten liegenden Tür. Es ist die Pforte zum Sanktuarium seiner Chefin, wie ich beim Eintreten gleich merke.

Kurz freue ich mich, dass wir scheinbar endlich in der Ära angekommen sind, in der Männer Sekretäre und Frauen Chefinnen sind. Hatte ich bei Max im Vorzimmer noch den Eindruck gehabt, er wäre viel besser hinter einer Gitarre als hinter seinem glänzenden Schreibtisch in diesem Glaspalast aufgehoben, so passt Anna Kapaun, wie mir das Schild auf ihrem Schreibtisch in eckigen Buchstaben verrät, perfekt in diese Umgebung. Sie wirkt noch eleganter und eindeutig kühler als im Hologramm. Sie erinnert mich an einen Vogel mit diesem scharfen Kurzhaarschnitt, der dunkle Haarspitzen kämpferisch um ihren Kopf gruppiert. Der lange gereckte Nacken, die schmalen feuerroten Lippen und die dunkel geschminkten wachsamen Augen unterstreichen diesen Eindruck noch. Lese ich da auch die Unsicherheit eines Vogels, der erst nach einem Sicherungsblick ein paar Körner zu picken wagt, oder ist es die Kälte einer Kobra, bereit im rechten Moment vorzuschnellen. Wir werden sehen! Sie steht auf, reicht mir eine nahezu eiskalte knochige Hand, deutet auf eine gediegene Ledersitzgruppe in einem Café-au-lait-Farbton und lädt mich ein, dort mit ihr Platz zu nehmen. Behandlungsbedürftig anorektisch hat man diese ausgezehrte Körperlichkeit in meiner Zeit als junge Ärztin noch genannt. Heute ist es das ideale Körperschema und eine selbstverständliche Voraussetzung für Karriere. Auch die extrem langen Beine passen dazu. Die lassen sich heute alle jungen Mädchen über Fixateur extern basteln. Ist eine ziemlich aufwendige Prozedur dieses schrittweise Auseinanderziehen der Unter- und Oberschenkelknochen und nicht wenig schmerzhaft. In meiner Jugend waren es nur Zahnspangen.

Unsere Blicke begegnen einander von Neuem. Dann taucht wieder dieses gewisse Lächeln auf, das mir zuvor schon Max geschenkt hat. Ich werde das nie zusammenbringen! Das Ganze soll Wohnzimmeratmosphäre vermitteln, wirkt aber ungefähr so natürlich wie eine Soap. Auf dem niedrigen Couchtisch aus dunkel getöntem Glas liegt ein lilafarbener Aktenordner, der mit einer Art Barcode versehen ist. Sie holt eine Hülle heraus, in der sich offenbar eine Datenscheibe befindet, und mir wird klar, dass sich darauf sämtliche Daten befinden, die je über mich gesammelt wurden. Während sie damit beschäftigt ist, habe ich Zeit, sie unbemerkt zu mustern. Sie trägt einen dunkelgrauen Hosenanzug aus diesem neuen, unverwüstlichen, leicht schimmernden Material. Für die Eleganz war der strenge, schnörkellose Schnitt verantwortlich. Darunter hat sie einen hauchdünnen Kaschmirpullover an, eine hervorragende Ergänzung in der Materialwahl und in harmonischer Weise einen Hauch heller im Farbton. Als Kontrast trägt sie flache, sorgfältig verarbeitete Männerschuhe aus dunkellila Leder in der Art, wie man sie in meiner Jugend noch handgenäht bei einigen wenigen Schustern bestellen konnte. Die Frau hat einen wirklich guten Griff und sicher zur Zeit weniger Schmerzen in den Füßen als ich in meinen lächerlichen hochhackigen Pumps.

Sie hebt den Kopf und blickt mir sehr gerade ins Gesicht. Jetzt ist sie offiziell, das merke ich sehr deutlich. Sie nennt meinen Namen und das macht mich ärgerlich, denn wer wir beide sind, wissen wir ja schon längst. Ich soll mich wohl wie ein Schulmädchen fühlen, das von der Schuldirektorin zum Rapport befohlen wurde. Jedenfalls wirkt die Szene so auf mich.

»Wie Sie wissen«, setzt sie sehr ernsthaft an und ich bin schon fast wieder versöhnt, weil sie mir die übliche Vertraulichkeit des »Du« erspart. Gleich darauf wird mir allerdings bewusst, dass es ihr in erster Linie darum geht, genügend Distanz zu mir als Teil ihrer eigenen Psychohygiene zu schaffen. Wahrscheinlich steht das sogar in einem dieser Handbücher, die heute alles festlegen.

»Wie Sie wissen, leite ich diese Abteilung des Ministeriums für Ressourcenmanagement, und ich habe Sie eingeladen, da Ihr Lebensleistungskonto nahezu aufgebraucht ist.« Sie hält inne, lässt die Botschaft einsinken. Sie schlägt die Beine übereinander.

Ich spüre, wie ein eindeutiges Gefühl von Gefahr in mir aufsteigt. »Was darf ich mir darunter vorstellen?«, frage ich meinerseits mit der distanziertesten Stimme, die mir zur Verfügung steht. Ich ringe um Fassung, habe aber gleichzeitig das Gefühl, jemand würde mein Innerstes nach außen stülpen.

»Ihr Lebensleistungskonto ist nahezu auf null«, wiederholt sie und ihr Blick ist dabei scharf. »Es geht um die Balance zwischen dem, was Sie an Leistungen einbezahlt haben, und dem, was Sie bereits gekostet haben, sowie die Berechnung der Kosten für Ihre nächsten Jahre.« Sie hält kurz inne, um dann ungerührt zu ergänzen: »Oder selbst der nächsten Monate.«

Sie hält das als Erklärung für ausreichend und lässt es wirken. Ich merke, wie meine Hände zu zittern beginnen. Die Aufregung tut mir nicht gut. Sie merkt es ebenfalls und gießt mir ein Glas Wasser ein. Bestimmt nicht aus Mitgefühl, sondern weil sie wohl vermeiden will, dass ich hier kollabiere und mir in ihrem sterilen Büro dabei in die Hosen scheiße. Ich hasse sie für ihre Ruhe und für die Kraft, mit der sie die schwere, kunstvolle Glaskaraffe handhaben kann. Ich nehme einen Schluck Wasser. Meine Kehle fühlt sich jetzt tatsächlich staubtrocken an.

»Hören Sie«, versuche ich, nachdem ich mich wieder gefasst habe, zu argumentieren. Ich stelle das Glas deutlich hörbar auf die dunkle Glasfläche zurück. »Ich weiß nicht, was das alles zu bedeuten hat, aber hier muss eindeutig ein Irrtum vorliegen. Ich habe während meiner aktiven Zeit massenhaft Beiträge eingezahlt. Mein Pensions- und Krankenkassenbescheid war top. Ich habe einen ordentlichen Batzen in das System eingezahlt.« Sie ist vorbereitet und völlig ungerührt. Als Antwort zieht sie nur die vorbereitete Daten-CD aus ihrer blasslila Hülle und steckt sie in ein Lesegerät, das beginnt, Daten und Zahlenkolonen auf eine virtuelle Leinwand mitten im Raum zu projizieren.

»Wir können uns alles gerne gemeinsam anschauen, aber Sie sollten wissen, dass das System keine Fehler macht.« Ich vermeine in ihrer Stimme jetzt eine Schärfe wahrzunehmen, die sich für mich wie eine Drohung anhört. Im Gegensatz zu mir scheint sie sich in dem Codegeflecht, das sich jetzt vor uns ausbreitet, bestens zurechtzufinden.

»Sie hatten eine Knieoperation und vor zwei Jahren einen Herzinfarkt«, doziert sie.

»Und?« Jetzt werde ich pampig. »Was ist da schon dran? Da haben andere in meinem Alter schon mehr hinter sich.«

»Da haben Sie recht«, gibt sie zu. »Aber die sind auch schon verstorben«, ergänzt sie sachlich. Mir bleibt die Luft weg. »In Ihrem letzten Vitalcheck bildet sich eine beginnende Nierenfunktionsstörung ab und Ihre Leberwerte sind auch nicht in Ordnung«, fährt sie fort, während sie die Zahlenreihen durchforstet. »Sie ernähren sich schlecht, stehen im Verdacht, in Ihrer Jugend illegale Drogen konsumiert zu haben, trinken häufig Rotwein und rauchen sogar jetzt noch«, setzt sie die Liste ihrer Argumente fort.

Ich fühle mich zunehmend nackt, nein, entblößt. Natürlich wissen sie alles von uns, kennen jede Einkaufsliste bis in ihre letzten Bestandteile, seit wir nur mehr mit dem Chip zahlen können. »Und, was soll das heißen?«, entgegne ich hart.

»Das heißt, dass Sie in absehbarer Zeit sehr krank sein werden. Und das könnte wesentlich mehr kosten, als Sie noch auf Ihrem Konto haben. Das ist der Gesellschaft nicht zumutbar. *Sie* sind für die Gesellschaft nicht zumutbar«, antwortet sie, ohne irgendeine Regung zu zeigen. »Wir haben Sie neu berechnet. Sie müssen wissen, dass wir in letzter Zeit gezwungen waren, einige Korrekturen durchzuführen, um das große Ganze unserer Gesellschaft sicherstellen zu können. Die Sicherheitsausgaben haben sich erhöht. Wir müssen Einsparungen vornehmen. Aber ich kann Ihnen versichern, dass das Programm absolut sicher und gerecht ist. Der Zentralcomputer benutzt Algorithmen, die über jeden Zweifel erhaben sind. Es ist die Aufgabe meiner Abteilung, jene Mittel, die für die Senioren zur Verfügung stehen, absolut gerecht zu verteilen. Und Ihr Konto ist, unter Einrechnung Ihres Risikoprofils und Ihres langjährigen Lebensstils sowie Ihrer Vorerkrankungen, einfach erschöpft.«

Jetzt ist sie am Ende ihrer Erklärung angelangt und sichtlich mit sich zufrieden. Ihr Puls ist garantiert nicht beschleunigt. Meiner tobt!

»Was heißt das im Klartext?«, will ich jetzt von ihr wissen. In meiner Stimme liegt jetzt genauso viel Härte wie in ihrer.

»Es eröffnen sich für Sie drei Möglichkeiten«, beginnt sie, als würde sie nun wie eine Reiseführerin drei zur Auswahl stehende Ausflugsziele anpreisen. »Sie können der Umsiedlung in ein Billigpflegeland zustimmen. Das ist sicher die beste Lösung. Wir können Ihnen auch die holografische Vorabbegehung von drei Instituten anbieten. Das ist ausgezeichnet gemacht und man bekommt einen sehr guten Eindruck. Die zweite Möglichkeit kann ebenfalls eine sehr gute Lösung sein, wenn Sie bereits Anzeichen eines Vitalabgangs verspüren.« Damit meint sie wohl, wenn ich bereits selbst den Eindruck habe, bald den Löffel abzugeben. »Sie können dann die nächsten sechs Monate einfach so wie bisher in ihrer gewohnten Umgebung und Art und Weise weiterleben. Mit einem kurzen Zeithorizont, wenn zum Beispiel bereits ein Tumor diagnostiziert ist, kann das lukrativ sein. Sie müssten sich nur zu einer Euthanasie nach Ablauf der erwähnten sechs Monate verpflichten. Natürlich unter vollständiger medizinischer Betreuung und garantiert schmerzlos. Sanft entschlafen!«

Jetzt schlucke ich merklich. Sie ist eiskalt und dabei vollkommen davon überzeugt, einfach ihren Job gut zu machen. »Und die dritte Möglichkeit?«, frage ich und bemühe mich dabei, meine Stimme fest klingen zu lassen.

»Die dritte Möglichkeit hat eigentlich noch niemand gewählt«, erklärt sie. »Und auch wenn anzumerken ist, dass die Readjustierung durch die Neuberechnung erst seit drei Monaten läuft, wird das wohl auch in Zukunft kaum jemand tun.« Sie zupft jetzt etwas nervös an einer ihrer dunklen Haarspitzen. »Die dritte Möglichkeit ist nur für den unwahrscheinlichen Fall reserviert, dass Sie nicht kooperieren wollen.«

»Und was passiert dann?«, will ich wissen. Im Moment klinge ich härter als sie und zumindest das erfüllt mich mit Befriedigung.

»Dann schalten wir Ihren Chip ab.« Sie sagt das sehr langsam und der Ernst in ihrer Stimme macht klar, dass dieser Satz einer Urteilsverkündung gleichkommt. »Damit fallen Sie aus der Gesellschaft heraus.«

Sie lässt das Gesagte wirken, und mir wird langsam Schicht um Schicht klar, was das bedeutet. Ohne Chip existiere ich praktisch nicht mehr, löscht sich meine Identität auf. Ich habe dann keinen Zugriff mehr auf mein Konto, kann keine Zahlungen mehr durchführen, nicht einkaufen. Ohne funktionierenden Chip bin ich abgeschaltet.

Sie wird jetzt ungeduldig. Mein Schweigen scheint den Panzer ihrer professionellen Sicherheit zu durchbrechen. »Sie sind dann paralysiert«, versucht sie mir die Auswirkungen dieser Entscheidung noch einmal drastisch vor Augen zu führen. »Wenn Sie sich im öffentlichen Raum bewegen, sind Sie beim ersten Sicherheitscheck beim Betreten eines Geschäfts oder eines Verkehrsmittels ein Fall für die Staatspolizei und die Insel. Die Ressourcenzuteilung liegt dort unter eins.«

Sie lehnt sich in die weiche Lederpolsterung zurück. Nun müsste ich endlich kapiert haben, dass das keine Option für das Überleben einer alten Frau ist. Die »Insel« ist ein ausgegrenzter, hermetisch abgeriegelter Bezirk, in den alle Delinquenten des Staats verbannt werden. Um die

»Selbsttermination« anzuregen, werden sie unter extremen Bedingungen völlig sich selbst überlassen. Dort überlebe ich nicht einmal das Ende der ersten Woche. Schon allein um an meine Ration heranzukommen, findet sich auf der »Insel« bestimmt jemand, der der Regierung bereitwillig den Job abnimmt, mich zu »terminieren«. Meine Bestürzung muss ihr aufgefallen sein. Sie deutet sie als Angst und nicht als Abscheu, die mich jetzt aus der Tiefe meines Herzens vor dieser überverwalteten, korrekt berechnenden und dabei doch so feigen Gesellschaft befällt.

»Es gibt einige interessante Einrichtungen im südasiatischen Raum und Sie waren zu Ihrer Zeit ein verdientes Mitglied der Gesellschaft«, wendet sie sich jetzt in für ihre Verhältnisse fast werbendem Ton wieder an mich. »Ich kann da einiges für Sie tun, wenn Sie zum Beispiel noch ein kurzes Image Movie mit uns machen, in dem wir die Wichtigkeit dieses Projekts für die positive Weiterentwicklung unserer Gesellschaft transportieren können. Positives Brand-Mastering ist in dieser Phase noch sehr wichtig.« Sie verstummt wieder.

Nun ist heraus, was sie wirklich von mir will. Jetzt brauche ich noch einen Schluck Wasser. Sie sieht, dass mein Glas bereits leer ist und gießt mir nach. Das helle gurgelnde Geräusch ist auch jetzt wieder der einzige lebendige Laut in diesem sterilen Raum. Nicht einmal ein Summen einer Klimaanlage. Stahl und Glastafeln, die rund um uns bis zum Boden reichen. Hier sitze ich also mit dieser anorektischen Barbiepuppe, die ihre Beine in die Länge hat ziehen lassen, und verhandle mit ihr nach einem Idealverfahren, das bestimmt zertifiziert ist, über meinen Tod. Oder nein, darüber verhandelt sie gar nicht. Mein Tod wird hier so und so auch ohne meine Beteiligung sachlich korrekt und gemäß einer Ablaufordnung verwaltet. Mein Tod ist bereits beschlossene Sache. In Wirklichkeit verhandeln wird nur darüber, ob man ihn vielleicht noch PR-mäßig nutzen könnte. Wahrscheinlich wird das ganze Gespräch auch fürs Archiv aufgezeichnet und sie bekommt natürlich auch eine Evaluation nach einem Punktesystem. *Hier* ist wirklich alles tot!

Ich spüre, dass ich sie am liebsten anschreien würde. Ganz laut! Jetzt, nach sechzig Jahren, würde ich tatsächlich gerne einen Joint rauchen und ihn ihr ins Gesicht blasen, sie aus ihrer Gefühlstaubheit aufwecken. »Das ist doch Wahnsinn! Das kann doch nicht Ihr Ernst sein«, versuche ich es nochmals. »Wo sind hier Mitmenschlichkeit, humanistische Grundwerte, Generationenverbindlichkeit?« Ich lese in ihrem Gesicht, dass dieser Bioroboter mit all diesen Begriffen nichts anzufangen weiß. Trotz ihres sicher beachtlichen Intelligenzquotienten regt sich in ihrem Inneren absolut nichts oder ist in Schwingung zu bringen. »Würden Sie das mit Ihren eigenen Eltern auch machen?« blaffe ich sie jetzt an. Ich weiß, dass ich untergriffig bin, wenn ich persönlich werde, aber die Situation scheint es mir zu rechtfertigen. Eine kurze schmerzhafte Regung scheint über ihre so glatten Züge zu huschen. Doch sie findet sofort in ihre Rolle zurück: »Ich habe seit etwas mehr als zwei Jahrzehnten, seit meinem Studium in London, wenn Sie es genau wissen wollen, keinerlei Kontakt zu meinen Eltern mehr. Und um Ihre Frage zu beantworten: selbstverständlich würde ich das Verfahren auch mit ihnen korrekt abwickeln. Es geht hier um soziale Gerechtigkeit, verstehen Sie das nicht?« Sie sagt das vollkommen neutral. Jetzt muss ich schlucken. Ich bin vollkommen perplex, aber ich muss dazu nichts sagen.

»Die Ressourcenverteilung ist absolut fair berechnet, das Programm bezieht komplexe Szenarien mit ein und muss der Gesamtsozietät der Gesellschaft und dem Supraverband der Mitgliedsländer des GSP gerecht werden. Es wurde mehrfach gegengeprüft, ist demokratisch gewählt und von der Regierung abgesegnet«, erklärt sie mir noch, als würde das für mich Gewicht haben können. »Sie müssen es von einem logischen Standpunkt aus betrachten und die verschiedenen Optionen abwägen.«

Ich spüre, wie unbändige Wut, eine die sich aus der Tiefe von Ohnmacht und Betrug speist, in mir aufsteigt. »Hören Sie«, setze ich an und ich spüre ganz genau, dass für diesen Moment jetzt meine alte Kraft wieder in meiner

Stimme ist. »Sie haben sicher einen PhD in Sozialmanagement und wahrscheinlich einen Master in Psychologie und Ihr Bachelor kommt irgendwo aus einer sozialökonomischen Ecke, aber Ihr Hologramm ist lebendiger als Sie selbst. Wenn Sie meinen Rat haben wollen, dann hören Sie lieber auf, den sanften Max, der sich da in Ihrem Vorzimmer quält, damit zu belohnen, dass er Sie nach Feierabend in Ketten legen und auspeitschen darf, bevor er Sie vögelt, und versuchen lieber, richtige Gefühle für ihn zu entwickeln. Das würde Ihnen beiden guttun!«

Ihr Gesicht schießt flammenrot auf. Ich habe punktgenau ins Schwarze getroffen. »Sie hören von mir«, sage ich dann noch, während ich aufstehe. Ich muss jetzt hier raus, und zwar möglichst rasch. Ich will zu Fuß nach Hause gehen, selbst wenn ich mir dabei in diesen verdammten hochhackigen Schuhen Blasen hole, einen Feuerkrampf im Vorfuß bekomme oder sie irgendwo auf den Müll werfe und barfuß weiterrenne.

Sie hat ihre Fassung rasch wiedergewonnen. »Setzen Sie nicht auf Ihre Kinder!«, ruft sie mir noch hinterher und das klingt überraschenderweise wie ein ehrlich gemeinter Rat. »Wir hatten noch keinen einzigen Fall, wo Kinder Bürgschaften übernommen hätten. Aber das ist ja auch logisch, denn wer will schon seinen eigenen Ressourcenpool für einen anderen belasten? Nur Ihre Generation hat das noch nicht begriffen.«

Abends sitze ich vor meiner großen Wanduhr, auf der ungerührt die Ziffern meines Lebens flackern. Jetzt sieht der Rhythmus für mich merklich schneller aus.

Wie spät ist es jetzt in Sydney? Meine älteste Tochter dreht dort gerade. Ihr Mann ist mit dem kleinen Sohn in Los Angeles geblieben. Und in São Paulo? Meine mittlere Tochter ist derzeit dort bei einem Meeting. Und die anderen beiden? Ich strecke mich in meinem alten Lederfauteuil, das ich mir aus der Praxis behalten habe, und horche in mich hinein. Was bleibt mir jetzt zu tun? Mein Entschluss steht fest. Ich werde mich nach Italien in mein kleines Landhaus, das sich an die Kuppe eines Hügels schmiegt, zurückziehen und mir den Chip aus meinem schlaffen Fleisch im linken Unterarm selber herausschneiden. Egal, was dann passiert ...

Ich habe allerdings auch noch einen anderen Traum, einen sehr kurzen, fast nur ein Bild. Er ist mehr wie ein starkes Gefühl, das ganz tief in mir sitzt, so tief, dass es einem Glaubensgrundsatz gleichkommt. In diesem Bild leben wir alle in einer gerecht umverteilten Gesellschaft. Kleine Gemeinschaften und die Entwicklung eines sozialen, nicht narzisstischen Individualismus sind dabei das Zauberwort. Wir sind als Gesellschaft zur grundlegenden Einsicht gekommen, dass uns nicht in erster Linie das Haben, sondern das Sein definieren soll. Wir sind weitaus weniger um Selbstdarstellung bemüht als um freudvolle Kooperation. Wir haben gelernt, Führung nicht mit Macht zu verwechseln, sondern begreifen sie als Verantwortung, die es zu übernehmen gilt. Diese Verantwortung leben wir, indem wir unserer Potenziale und Kenntnisse genau dort einbringen, wo sie benötigt werden, und dort dann die Führung übernehmen. Und wo wir nicht die geeignetsten sind, geben wir unsere Führung auch gerne wieder ab und treten in die zweite Reihe. Als Generationen sind wir in diesem Traum miteinander verbunden und profitieren voneinander, in gegenseitiger Akzeptanz der spezifischen Eigenheit unserer jeweiligen Lebenssicht. Wir haben gelernt, einander zuzuhören und wissen, dass liebevolle Verbundenheit jene einzige Kraft ist, die das Universum zusammenhält.

Wir leben in der besten aller Welten

Zumindest in der besten, die wir uns bisher erschaffen konnten! Die Leserin und der Leser, die so viel Ausdauer bewiesen haben, dass sie mir bis hierher gefolgt sind, könnten mittlerweile der Ansicht sein, einer Schwarzmalerin auf den Leim gegangen zu sein, die notorisch alles schlechtredet. Aber ich muss hier enttäuschen. Ich liebe diese meine Gesellschaft, in der ich aufgewachsen bin. Ich bin nahezu vernarrt in diesen kleinen blauen Planeten und ich bin von Ehrfurcht und Staunen ehrlich hingerissen, wenn ich daran denke, was wir schon alles geleistet haben, um diese Welt zur besten bisherigen Welt zu machen. Ja – wir waren erfolgreich! Wir können uns für die unermüdliche Ausdauer, mit der wir ins Unbekannte vorgedrungen sind, geforscht und experimentiert haben, wirklich auf die Schulter klopfen. Wir haben Größe bewiesen, wenn wir auf niederschmetternde Niederlagen mit noch mehr Anstrengung und Hingabe an die Arbeit zu weiterem Fortkommen reagiert haben. Die Geschichte ist voller herausragender Persönlichkeiten, wahren Giganten der Menschlichkeit und des Humanismus, die bereit waren, die härtesten Entbehrungen auf sich zu nehmen und dabei oft das eigen Leben für den Fortschritt opferten.

Natürlich findet sich in den Geschichtsbüchern auch das Gegenteil – negative Persönlichkeiten, die die Welt in den Abgrund reißen wollten. Arbeitet man die Daten und biografischen Aussagen von Zeitzeugen zu den kleinen Alltagsdetails ihres Handelns und damit zu ihrer Persönlichkeit auf, entpuppen diese Menschen sich allerdings immer als zutiefst »gestörte« Persönlichkeiten, als solche, die im Netz menschlicher Bindung und Beziehung keine persönliche Verankerung finden konnten und als Ersatz einer tiefen Triebdynamik nach Macht unterlagen. Doch wir haben sie bisher alle überlebt, die Tyrannen, Diktatoren und Terrorregime. Wir haben immer erkannt, dass sie letztendlich eine Spiegelung unserer eigenen Schwächen und Ängste sind, ja dadurch überhaupt erst ermöglicht werden. Und wir haben als Gesellschaft, nicht zufällig oft im Untergrund, darüber nachgedacht, uns weiterentwickelt und sie dann gestürzt. Auch die Schlichtesten und Unbedarftesten von uns sind heute von den Grundrechten jedes Menschen überzeugt. Keiner, zumindest in unseren Breiten, glaubt mehr, dass Sklaverei etwas Natürliches oder irgendeine andere Staatsform der Demokratie überlegen wäre. Ich bin der Überzeugung, dass das Anlass zur Hoffnung für uns als Menschheit gibt. Wir nehmen diesen uns inne wohnenden Entwicklungsauftrag zu höherer Komplexität, der uns auf diesem Weg die Wiederentdeckung des Paradieses um uns herum ermöglichen kann, also in der Tiefe unseres Herzens ernst: Wir haben uns für den aufrechten Gang entschieden. Der Überblick, den wir dadurch gewonnen haben, hat uns nicht nur einen gigantischen Wettbewerbsvorteil im Vergleich zur früheren Fortbewegung auf vier Füßen beschieden, sondern uns auch eine neue Verantwortung für unsere Nachkommen beschert. Wir müssen nach ihrer Geburt jetzt wirklich sehr lange für sie da sein. Denn im Vergleich zu anderen Säugetieren, die allesamt mit weniger hohen biomechanischen Komplikationen eines Balancierens auf zwei Beinen leben können, steht bei der Geburt für ihren Schädel und das sich darin befindliche Hirn nur ein bescheidener Beckendurchgang zur Verfügung. Für die Zielsetzung des aufrechten Gangs galt es also unter den gegebenen Grenzen von Biomechanik, Statik und Physik eine Innovation zu finden! Die Lösung für diese Herausforderung ergab sich im Modell langfristiger Bindung und Beziehung zwischen Elterngeneration und Filialgeneration. In der Erfindung der Liebe zwischen Eltern und Kindern! Erst dadurch ließ sich für dieses im Vergleich zur Endausbaustufe des Erwachsenen sehr kleine und unreife Hirn nach der Geburt eine genügend lange geschützte Phase für Wachstum und Entwicklung sicherstellen. Manche Autoren behaupten, dass die Liebe zwischen Eltern und Kind auch das Ausgangsmodell für die Liebe in der Paarbeziehung wäre, dass also die

Liebe zwischen den Eltern einer sekundären Entwicklung gleichkäme. Mit unserer Aufrichtung zum zweifüßigen Stand, damit also, dass wir den Blick vom vor uns liegenden Erdboden erhoben haben und uns Überblick verschaffen können, haben wir im Eintausch gegen eine extrem lange und innige Bindung benötigende Aufzucht unserer Nachkommen einen enormen Wettbewerbsvorteil gewonnen. Unsere sonstigen biomechanischen Komponenten hätten uns sonst kaum zu »Evolutions Next Topmodel« werden lassen.

Sonst ist an uns bei genauerem Hinsehen nämlich nicht viel dran. Auch wenn wir uns heute alle fein herausputzen und Haltung annehmen, sobald wir unser Wohnzimmersofa verlassen, machen wir insgesamt nicht viel her. Keiner von uns! Das gilt übrigens auch für alle Cornetto-Männchen und Aspirantinnen auf die nächste Misswahl. Was die Biomechanik anlangt, sind wir – müssten wir uns mit der uns mitgegebenen körperlichen Ausrüstung in freier Wildbahn bewähren – ein Desaster oder besser gesagt: ein evolutionsbiologischer Konkursfall. Man braucht dabei nicht einmal an die Sahara oder die Arktis zu denken. Da reichen schon die Alpen oder sogar das muntere, flache Auland. Immerhin gibt es bei uns Jahreszeiten, und dort, wo es keine gibt und das ganze Jahr über alles in behaglicher und uns zuträgliche Temperatur verläuft, gibt es jede Menge besser ausgerüstete und lokal spezialisierte Konkurrenten.

Eine Bestandsaufnahme fällt also mehr als ernüchternd aus. Ein schützendes, der Thermoisolation dienendes Fell ist uns längst ausgefallen und den kümmerlichen Resten auf Brust und Bein wird neuerdings sogar beim männlichen Geschlecht im Zuge einer überspannten Kosmetikindustrie mit allen Mitteln und Dienstleistungen, die Einkommen versprechen, zu Leibe gerückt. Scharfe Krallen, die zu einer echten Verteidigung geeignet wären, wachsen uns nicht und das was Nagelstudios fertig bringen ist eher unter dem Stichwort dekorative Lebensbehinderung abzulegen. Als Läufer sind wir mehr als durchschnittlich, daran ändert auch Doping nichts.

Reißzähne können wir auch vergessen, ebenso das Fliegen als Angriffs-
oder Fluchtmechanismus. Was das Schwimmen anlangt, brauchen wir erst
gar nicht auf Tiere wie Robben zu schauen, die im Wasser so elegant da-
hingleiten, um zu wissen, wo unser Platz ist. Auch im Klettern, Springen,
Hangeln, Kriechen, Tauchen oder im Tragen eines Tarnkleids und in allem anderen, das als Überlebensstrategie in einer herausfordernden Umwelt
Erfolg versprechen könnte, sind wir, wenn wir uns unter unseren nächsten
Verwandten und allen anderen Tierarten umsehen, maximal am untersten
Rand anzusiedeln. Damit sind wir, was das Thema Überleben anlangt, genau
genommen eigentlich indiskutabel! Kurz zusammengefasst kann man also
sagen, dass uns so ziemlich jeder, der etwa dreißig bis fünfzig Kilogramm
und etwas Entschlossenheit mitbringt, überlegen ist, so er nicht unserer
eigenen Gattung angehört. Keine gute Ausgangslage für eine Spezies ...

Doch dieses große reflexive und kreative, vorausschauend planende und
kombinierende Hirn, das sich in der Kombination unserer Aufrichtung
mit gleichzeitiger langer nachgeburtlichen Betreuung entwickeln ließ,
hat noch einen eleganten Nebeneffekt. Durch seine Unreife und geringe
Instinktverschaltung bot sich die phantastische Möglichkeit, dieses so un-
reif geborene Kind ideal auf die jeweilige soziale Umwelt hin anzulernen.

Dadurch wurde aus dem Entsorgungsposten der Evolution ein unver-
gleichliches Erfolgskonzept. Der Werdegang unserer Spezies entspricht
der klassischen Hollywood'schen Erfolgsstory: der im Hinterhof auf-
gewachsene und von allen verspottete kleine Junge mit Hinkebein und
Pubertätspickeln steigt zum gefeierten Milliardär auf. Die wundersame
Verwandlung vom Gejagten zum Jäger! Wahrscheinlich sehen wir auch
deswegen so gerne Filme dieses Genres, weil sie unsere eigene tiefe Geschichte unaufhörlich reproduzieren.

Wir dürfen uns also wirklich getrost auf die Schulter klopfen. Wie
Ameisen haben wir so ziemlich jeden Flecken der Erde besiedelt. Wir haben dieses Hirn, seinen Möglichkeiten entsprechend wirklich hervorragend

eingesetzt und Gigantisches vollbracht. Wir haben Kinderlähmung und Pest besiegt, können Cholera behandeln, haben wirksame Medikamente gegen Aids und all die anderen Geißeln entwickelt. Auch im Kampf gegen den Krebs haben wir beachtliche Fortschritte gemacht. Wir haben sogar Wege gefunden, wesentliche Organe unseres Körpers oder ganze Gelenke auszutauschen. Wir sind in der Lage, Gewebe zu züchten, können verstopfte Herzkranzgefäße öffnen oder ein müdes Herz mit winzigen, fast schon selber denkenden Schrittmachern unterstützen. Wir können in vitro fremde oder eigene Eizellen mit dem Sperma des Partners oder eines Fremden befruchten und damit sogar eine selbstgestaltete Kinderstube eröffnen.

Wir haben aber nicht nur das Rad und den Benzinmotor erfunden, sondern auch den Verkehr und die Abgase, nicht nur die Annehmlichkeit der Städte, sondern mit ihrem gigantischen Anwachsen auch eine eigenständige auf uns rückwirkende Dynamik, die immer mehr Einfluss auf uns nimmt. Wir haben den technologischen Fortschritt erfunden, der uns das Leben in vielfältiger Weise unwahrscheinlich erleichtert. Gleichzeitig aber vernichten diese Maschinen an einem Tag mehr Bäume und damit Sauerstoff, als selbst die beherztesten Umweltschützer wieder anpflanzen können. Es entstehen Abfallprodukte, deren Auswirkungen auf unsere Welt wir lieber vergessen. Wir haben das Internet geschaffen, eine fantastische Wunderwelt, die wir in all ihren Möglichkeiten noch gar nicht begriffen, geschweige denn verkraftet haben. Und ganz nebenbei, vielleicht sogar als logische Konsequenz von jemandem, der sich von seinen Erfolgen zu Übermut verführen lässt, haben wir uns in scheinbarer Ermangelung eines ebenbürtigen Gegenübers selbst als Individuum zum Größten erklärt. Wir haben uns von der alten Bevormundung einer Familie, einer Sippe, eines Sozialverbands freigestrampelt und alle Zwänge, vor allem natürlich sexuelle, verdammt, um uns vollständig zu befreien.

Doch wer es wagt, sich von den Knien zu erheben und den Blick von der Erde vor seinen Augen stolz und sinnend gegen den Himmel heben will, ist gut beraten, das Kleingedruckte zu lesen, denn jetzt sind wir an einem Punkt angelangt, an dem wir uns überlegen müssen, wie wir all diese Errungenschaften für jeden zugänglich machen. Irgendwie ist der Globus in der Zeit unserer Entdeckungen und Fortschritte sowie unserer Emanzipation zum Individuum nämlich geschrumpft. Das stimmt natürlich nicht, kommt uns aber so vor, weil wir immer mehr werden und die Menschen dank der neuen Mobilität überallhin können. Das führt uns zunehmend vor Augen, dass wir nicht mehr in einzelnen, fein säuberlich voneinander getrennten Regionen leben, sondern täglich näher zusammenrücken, Teile eines einzigen großen Ganzen sind. Dass also – wie täglich, bisweilen mit Beklemmung, in den sogenannten Weltnachrichten ganz lebensnah zu sehen ist – tatsächlich alles mit allem verbunden zu sein scheint. Man könnte fast meinen, dass diese ganze große Erde, diese alte Gaia, mit allem, was sich auf ihr befindet, ein einziger großer lebender Organismus ist.

Man nennt das globale Interdependenz und es sind bereits eine Menge Bücher darüber geschrieben worden, die nicht nur aus esoterischen, sondern auch aus renommierten wissenschaftlichen Kreisen kommen. In allen ist von einer dringend nötigen Umverteilung von Ressourcen und einer neuen Verteilungsgerechtigkeit die Rede. Das alte Modell der Regionen und Nationalstaaten greift in seinem Lösungsansatz für diese neu aufgetauchten Fragen zunehmend zu kurz. Syrien ist heute nicht mehr Teil eines sagenhaften »Morgenlandes« mit Kalifen und exotischen Gewürzen, sondern liegt unmittelbar und gefühlt vor unserer Haustür. Wir gehören wirklich alle zusammen! Und wir sind schon recht viele. Wenn in einem vollbesetzten Kahn auch die meisten brav still auf ihrer Ruderbank sitzen und versuchen den Takt zu spüren, so genügen doch ein paar wenige Idioten, die herumhampeln und sich in Szene setzen wollen, oder ein paar, die panisch werden angesichts der Enge, weil sie in der harten, ungepolsterten, überfüllten Sektion sitzen, dass dieses Boot vom Kentern bedroht sein könnte und

Wasser nimmt. An dieser Stelle sei für alle jene, die meinten, wir wären auf dieser Welt mit der Zahl der Benachteiligten noch lange im grünen Bereich, das Thema der kritischen Masse in einem geschlossenen System, erwähnt. In anderen Worten ausgedrückt bedeutet dies, dass verhältnismäßig Wenige genügen, um eine Sturmflut auszulösen, so sie genügend schaukeln.

Es gibt jetzt also eine ganz neue Art der Fragestellung – nämlich die nach dem sozialen »Wie«! Wie schaffen wir es, dass alle, die einen Herzschrittmacher oder eine neue Niere brauchen oder aber auch nur banale Antibiotika, sie auch bekommen? Wie wollen wir die vielen Fahrzeuge rechtfertigen? Wie schaffen wir eine gerechte globale Energiebilanz? Wie wollen wir endlich eine gerechte globale Kalorienverteilung bewerkstelligen? Wie die Luft, die wir auf dem ganzen Globus zum Atmen brauchen, schützen? Wie unsere Pole am Abschmelzen hindern? Nach welchen ethischen Gesichtspunkten wollen wir Embryonen in unserem vielfältigen Setzkasten produzieren? Wie sie selektieren? Wie wollen wir die Annehmlichkeiten unserer Städte erhalten, ohne dass sie zu einem für uns Natur- und Kulturwesen völlig fremden Terrain werden, das unsere sozialen Fähigkeiten überfordert? Wie wollen wir unsere sexuelle Freiheit leben, wenn dabei nur Überdruss und Extreme übrig bleiben und die letzte Heiligkeit in der Begegnung zwischen zwei Individuen verloren geht?

Die Fragen des sozialen »Wie« sind brennende und sie drängen täglich mehr. Wir können uns auch nicht mehr verstecken auf unserer Seite der Welt und die anderen vergessen, denn die anderen denken beständig an uns und unsere Seite der Welt, wenn sie uns im Internet und auf Youtube beobachten, während sie ihre leeren Schüsseln wieder einmal auskratzen und sich fragen, warum das alles so ist. Aber auch dazu können sie im Internet recherchieren und dann die Geschichte selbst interpretieren.

Dass wir also in der Lage waren, Lösungen für Sachprobleme zu finden – vom Feuermachen bis zum Fliegen in den Weltraum –, hebt uns auf eine neue, komplexere Ebene der Fragestellung. Gerade wir auf unserer privilegierten Seite des Globus' haben Verantwortung zu tragen. Wir haben viele schwerwiegende Entscheidungen zu treffen, die in diese Kategorie des »sozialen Wie« fallen und wir tun gut daran, uns all diesen Themen zu stellen, statt sie auf der Agenda nach unten zu verschieben. Unsere Kinder werden als Erwachsene sowieso noch sehr viel mehr Entscheidungsverantwortung tragen müssen als wir. Dazu braucht es allerdings entwickelte, integrierte und im Idealfall integre Persönlichkeiten.

Wir stehen vor einem Quantensprung. Denn gerade entstehen all diese neuen »Wie«-Fragen und werden täglich brennender. Unsere Kinder werden diese Fragen als Erwachsene lösen müssen. Die richtigen Antworten werden komplexe Kompetenzen verlangen. Die Fähigkeit zu gerechter, vorausschauenden Entscheidungsfindung, die möglichst alle beteiligten und beeinflussenden Faktoren mitbedenkt und dabei noch fähig ist, als ethischen Anspruch die Zuträglichkeit für die Gesamtgemeinschaft zu realisieren, wird Grundvoraussetzung sein, soll dieses Experiment Mensch nachhaltig gelingen und nicht an sich selbst zerbrechen. Dafür braucht man in erster Linie eine stabile, liebesfähige Persönlichkeit! Unsere Kinder brauchen uns! Sie brauchen unsere Begleitung und Führung in ihren frühen Jahren, um in diesem schützenden Kokon heranreifen und sich erproben zu können. Damit sie nicht nur ihre Talente sondern ihr Potenzial als liebesfähige Menschen entwickeln. Nur so können sie auf die Aufgaben, die auf sie warten und die von noch nie dagewesener sozialer Komplexität und ethischer Herausforderung sind, ausreichend vorbereitet werden. Unsere Kinder brauchen uns *jetzt*. Wir werden später von den Antworten, die sie auf die Frage nach dem »Wie« geben, abhängig sein.

Ein Appell an die besonnenen Kräfte

Verfallt nicht in nostalgischen Romantizismus oder aber zukunftsängst-lichen Katastrophismus! Es war noch nie für alle gut, aber es könnte es werden. Übernehmt Verantwortung! Reflektiert eure Rolle und erfüllt eure elterlichen Pflichten. Versucht nicht, das alte Gehorsamsgebot früherer Generationen neu zu etablieren, das kann uns auch nicht weiterhelfen. Wir haben es Gott sei Dank selbst demontiert, denn unser elterlicher Auftrag ist es nicht mehr, Untertanen zu erziehen, sondern Menschen zu begleiten, die auf die Fragen des »Wie« Antworten geben werden müssen. Vergesst nicht, dass diese Fragen immer auch eine ethische Komponente haben. Die richtigen Antworten auf diese Art von Fragen können nur selbstbewusste, liebesfähige, in sich ruhende Menschen finden und nicht solche, die auf die Begrenzung ihres Egos bloß mit Angst, Hinterhältigkeit oder Aggression reagieren können, die nie in die zweite Reihe zurücktreten wollen und die keine Demut kennen. Demut, die entsteht, wenn man das große Ganze versteht und achtet.

»Erzieht uns endlich!« lautet der Appell der tyrannischen, verhaltens-auffälligen Kinder, den sie dieser Elterngeneration und Gesellschaft täglich auf unterschiedlichste Weise ins Gesicht schreien. Dieses »Erzieht uns end-lich!« ist auch ein Appell an die Elterngeneration der globalen Postmoderne, endlich selbst erwachsen zu werden. Denn mit dem »Kindsein« sind jetzt die Kinder dran! Gebt Kindern also, was sie wirklich brauchen, und drückt euch nicht davor, sie zu erziehen. Kinder brauchen sorgsam und respektvoll gesetzte Grenzen. Genauso wie sie Eltern brauchen, die wirklich für sie da sind. Vergesst nicht: Beziehung kann man nicht kaufen, man muss sie leben, in vielen tausenden kleinen Momenten. Nicht im Geschenkehaufen unter dem Christbaum, nicht im großzügigen Taschengeld, nicht im mühsam er-wirtschafteten Luxusgut aus der Technikkiste der Unterhaltungsindustrie oder in endlosem Online-Shopping werdet ihr Beziehung finden können. Es ist der kleine unspektakuläre Moment, das gemeinsam Geteilte und Erlebte, das Beziehung begründet. Die Alltagsrituale beim Zubettgehen, das gemeinsame Essen, das Gespräch über Alltägliches genauso wie über alles, was Kinder berührt, beängstigt, verwirrt. Der Spaziergang im Wald, das Aufstauen eines Bachs, das erste Fußballspiel, die endlosen Versuche, bis der selbst gebastelte Drache endlich am Himmel steht – dort wächst Beziehung, dort wird das Fundament von Bindung, Zugehörigkeit, Vertrauen, Zuverlässigkeit und wechselseitiger Verantwortlichkeit gelegt. Nicht nur als Generationenvertrag zwischen Eltern und Kindern, sondern auch als Vertrag mit der Welt, als ethisches Fundament, wie man mit dieser Welt sorgsam umgeht.

Erfüllt also nicht die Wünsche eurer Kinder, sondern in erster Linie ihre Bedürfnisse! Die sind ganz einfach zu ergründen. So kompliziert sind wir als Spezies nicht. Ein Smartphone oder Designerklamotten, ein Schokoriegel um Mitternacht oder irgendein anderer unbedingter Drang, etwas zu besitzen oder partout zu brauchen, ist kein Bedürfnis. Das sind höchstens soziale Insignien oder Ausdruck eines Selbstmanagementmangels. Die Bedürfnisse von Kindern sind ganz anderer Natur und hören sich vergleichsweise unspektakulär an: Nähe, Geborgenheit, Orientierung und liebevolle Führung, sich jemandem anvertrauen können, Konstanz, Konsequenz, Zuverlässigkeit, genügend zum Essen, damit dieser junge Körper wachsen kann, und Wärme, wenn es rundum kalt ist, Akzeptanz und als der gesehen werden, der man ist.

Zeigt ihnen also Grenzen, die sie schützen und einen inneren Raum markieren, den sie selbst verwalten können, um sich zu erproben. Bietet Kindern einen » artgerechten « und nicht einen »konsumgerechten« Lebensraum. Einen, der sich mit all den Sinnen erfahren lässt, mit denen sie geboren werden und die sich entwickeln sollen. Zeigt ihnen, dass ihr sie seht und so akzeptiert, wie sie sind. Lebt einfach mit ihnen und werft alle Konzepte zur » richtigen « Erziehung und alle Konsumanforderungen über Bord.

Setzt euch dafür ein, dass Kindergärten Orte des sozialen Lernens der Gemeinschaft sind und darin höchste Qualitätskriterien erfüllen. Fordert laut, dass Schule ein wirklicher Ort der Bildung und nicht nur der Ausbildung ist. Bildung im alten humanistischen Sinn bildet und formt die Seele. Bildung hilft, die Deformierungen und Störungen der Seele zu beseitigen und – das ist wohl die Hauptleistung der Bildung – prophylaktisch deren Verfall vorzubeugen. Bildung soll der Seele starke Bilder zuführen, zum Handeln anleiten und Orientierung geben, damit sich der Mensch auf seinem Lebensweg nicht in der Flut von Bildern oder Reizen verliert. Gerade in einer ornamentalen Bildkultur, in der das beständige Konkurrieren um Aufmerksamkeit einen nie versiegenden Strom an Informationen erzeugt, kann wirkliche Bildung uns davor bewahren, die eigenen Lebensziele aus den Augen zu verlieren, und uns auf die großen Herausforderungen der Zukunft vorbereiten. Fordert mit anderen Worten, dass Schule nicht länger eine Mogelpackung sein darf! Überlasst das nicht den Experten, denn es sind *eure* Kinder!

Stellt eure Forderungen an die Politik und hört nicht auf damit, laut zu sein, denn es steht eine ganze Menge auf dem Spiel. Die Politik muss sich endlich damit befassen, wie diese ach so erfolgreiche Konsumgesellschaft mit ihren Kindern, ja mit dem Abschnitt Kindheit an und für sich, umgeht und wie sich das aus dem Blickwinkel eines Kindes wohl anfühlen mag. Vieles an den Tyrannenkindern wäre damit bereits vollkommen erklärt. Fordert von all jenen, die aus dem sicheren Elfenbeinturm heraus eine »leistungsstarke Zukunftsgeneration« beschwören, dass sie die Kinder endlich ernst nehmen, nämlich als Kinder, und sie als solche vertreten. Ein Kinderministerium, das sich mit der Zuträglichkeitsprüfung unserer gesellschaftlichen Umwelt und der Übersetzung kindlicher Bedürfnisse in die Alltagswelt beschäftigt, wäre ein guter Anfang. Der Blickwinkel des Kindes und seine ursächliche Wesenheit als Mensch dieses spezifischen Lebensabschnitts wäre ein weit klarerer Ausgangspunkt, statt weiter einem

Dornröschenschlaf rund um den Familienbegriff anheim zu fallen, der wie eine verwaschene Lautsprecheransage seinen Adressaten nicht mehr zu erreichen vermag. Dann könnte auch endlich dafür gesorgt werden, dass das vorhandene, mühsam und teuer erworbene Expertenwissen allen relevanten Beteiligten zugänglich gemacht und auch umgesetzt wird.

Die Botschaft ist also, ganz wie es eine Streitschrift fordert, sehr einfach: Wenn wir es nicht mehr schaffen, Bindung und Beziehung zu unseren Kindern aufzubauen, wird uns nichts mehr helfen können! Es ist ein großer Prozess im Hintergrund dieser postmodernen Konsumgesellschaft im Gange. Wenn wir unsere Verantwortung als Eltern und als Gesellschaft nicht endlich ernst nehmen, werden die Kinder zuerst Verhaltensauffälligkeiten zeigen und sich dann, wenn sie erst einmal erwachsen sind, von uns und der Gesellschaft abwenden. Mit vollem Recht!

Und vergesst dabei eines nicht: Die Zukunft der Kinder wird auch unsere sein!

Dr. Fahmy
Aboulenein

Die
Pharma
Falle

Wie uns die
Pillen-Konzerne
manipulieren

edition a

Dr. Fahmy Aboulenein
**Die Pharma-Falle – Wie uns die
Pillen-Konzerne manipulieren**

Ein Arzt hat genug von verdeckter
Korruption der Pharma-Industrie und
wagt sich aus der Deckung. Dr. Fahmy
Aboulenein, Neurologe und MS-
Spezialist, erzählt aus seiner täglichen
Krankenhauspraxis, wie die Pharma-
Konzerne die Ärzte zehn Jahre nach
dem großen Pharma-Skandal mehr
und effizienter denn je manipulieren.

ISBN 978-3-99001-157-7
224 Seiten, EUR 21,90

Sonja Schiff
10 Dinge, die ich von alten
Menschen über das Leben lernte

Worum geht es im Leben wirklich?
Um Entwicklung, Begegnung, Liebe und
Geborgenheit. Das alles kriegen wir nur,
wenn wir es uns jetzt holen, denn das
Leben findet immer nur jetzt statt. Die
erfahrene Altenpflegerin Sonja Schiff
erzählt, was sie von alten Menschen
gelernt hat, und wie sie ihr Leben verändert haben. Ein berührendes Buch, das
unbändige Lust aufs Leben macht.

ISBN 978-3-990011-39-3
192 Seiten, EUR 19,95